Makujamaku ✚ Toshiaki Hoshi

マクヤマク
しあわせの味あわせ
〜 フィンランドのじぶん時間

星 利昌

フィンランド在住シェフ

はじめまして。星利昌（ほしとしあき）といいます。

フィンランドの首都ヘルシンキで生活して16年目、オンライン料理教室「マクヤマク」を運営しながら、妻と息子2人の家族4人で暮らしています。

私は現在、フィンランドでこれまでになかったぐらいの幸せな毎日を送っています。そしてこの本は、そんな私のフィンランドでの日々を飾らずに書き綴ったものです。

フィンランドは「世界一幸せな国」としてもてはやされることが増えました。でも、「世界一国民の幸福度が高い国」というほうが正確だと私は思います。フィンランドの料理は素朴で、味付けも至ってシンプルです。自然は豊かですが、1年の半分は暗くて寒い冬という厳しい気候です。フィンランド人はシャイで打ち解けるまでに時間がかかるし、無駄なお金は使いたくない倹約家が多いのも特徴的です。そんな国の人々が、どうして世界一幸福度が高いのか──。それは、フィンランド人が「ありのままのありふれた毎日」を大切にし、その中で幸せを感じる能力が高いからだと思うのです。

そもそも私が生まれ育った日本を出て外国に行こうと思ったのは高校時代のことでした。私はサッカーが大好きで、サッカー選手になろうと考えるぐらい本気でサッカーに取り組んでいました。ところが、高校で入部したサッカー部はスパルタ指導で、教育とは呼べないレベルの罵倒や体罰が日常的に行われている場所でした。耐えかねて心が折れてしまうチームメイトもいました。こんな場所で頑張り続けることはできない。そう感じて私も夢をあきらめざるを得ませんでした。大人になった今なら他校に移る選択肢も思いつきま

すが、当時高校生だった私にはそこが「世界の全て」のように思えたのです。これが人生で初めての挫折でした。

　サッカー選手の夢をあきらめた私は世界でやっていけるものを身につけようと考えました。自分の技術が通用する、自分の能力が発揮できる場所に行きたい。その思いで、和食の料理人になることを決め、神戸にある和食割烹料理屋で修業をしました。

　神戸での修業は厳しいものでしたが、たくさんの学びがありました。そのときの教えにこんな言葉があります。
　「料理は理を料るということやから、相手のことを知って想って考え抜いて作るんや」
　「ことわりをはかる」というのは、料理を出す相手がどんな人なのか、どんな料理を食べたいと思っているのかをとことん考えるということです。考え抜いた後に料理を作ります。これは私が料理を作るときの大事な軸になりました。

　また、こんなことも教わりました。
　「あたり（味）の付け方は、それぞれの味を丸くしてあげること。どれか一つが出過ぎないように。味覚を使ってきれいな円を作ってあげるんや」
　「あたりの付け方」も修業時代に初めて学んだ考え方ですが、今でもずっと変わらず大切にしています。

　そうした日本での修行後、2008年にフィンランドに移住しました。ヨーロッパのいくつかの国のレストランに連絡を取り、返事を

くれたのがフィンランドだったのです。トライアルを受けた後、ぜ
ひ来てくださいというオファーがありました。そして、ヘルシンキ
でもいくつかのレストランで修行を重ね、2011年に独立して日本
料理レストラン「ほしと」をオープンしました。言葉も習慣も考え
方も異なる外国で店をスタートするのは大変でしたが、幸いなこと
に「ほしと」には順調にお客さまが入り、3年後にはヘルシンキ中
心部に移転し、地元のお客さまが通ってくれる店にすることができ
ました。また、2015年に長男が、2018年には次男が誕生しました。

　一方で、妻と2人で外国人スタッフを雇ってレストランを経営す
るのは苦労の連続でした。お客さまが入れば入るほど忙しくなり、
オーナーとしての管理仕事に時間を取られ、料理人本来の仕事に専
念できなくなっていきました。食材を吟味して、お客さまに喜んで
もらえる料理を研究できないという葛藤があり、また、家族と一緒
に過ごしても、しっかりと心を通わせる余裕がなくなってしまいま
した。こうした状況に何度も悩んだ結果、私は7年3カ月大切にし
てきた「ほしと」をいったん閉めることにしました。

　現在、レストランでお客さまに料理を出すことは休止しています
が、料理を追求し、ささやかな幸せを周囲に伝えていきたい思いが
消えたわけではありません。方法を変えてできることはないかと模
索し、それが一つの形になったのがオンライン料理教室「マクヤマ
ク」です。この本のタイトルにもした「マクヤマク」はフィンランド
語です。
　フィンランド語の「マク」は「味」という意味で、「マクヤマク
(maku ja maku)」では「味と味」です。しかし、実際に「マクヤマ

ク（makujamaku）」という単語があるわけではなく、これは私が作った造語です。「マクヤマク」は「あじとあじを合わせてあじあわせ」。味と味を合わせて、食べて巡り合って幸せまで感じてほしいという願いを込めてオンライン料理教室の名前にしました。

　マクヤマクでは、事前に参加者にレシピを送り、参加者が自ら材料を手元に準備します。そして、オンラインでつながって、ヘルシンキにいる私と同時に、同じ料理を作ります。メニューはフィンランドの素朴な料理やお菓子です。日本だけでなく世界中のあちこちから参加してくれる人も増えました。

　また、フィンランドに来た頃に始めた陶芸は、「ほしと」を閉める頃には作品を展示会に出したり注文を受けたりするようになっていて、私にとっては陶芸も料理と同じくらいに大切なものになりつつあります。

　さて、これから読んでいただくフィンランドでの日々は、豪華なものや便利なものが出てくるわけではありません。ありのままのありふれた毎日の繰り返しの中から、私の「料理を大切に思う考え方」と、フィンランド人の「自分時間を大切にする生き方」を紹介します。世界一幸福度が高い国の人々の「幸せのとらえ方」が少しでも伝わればうれしいです。

2023年10月

星利昌

Sisällys
目次

Luku 1 フィンランドの自然

フィンランドってこんな国

基本情報

面積	33.8万平方キロメートル
人口	約553万人（2021年、IMF）
言語	フィンランド語、スウェーデン語
通貨	ユーロ

森と湖の国
フィンランド

　フィンランドの湖と河川を合わせると、なんと国土の10％を占め、湖は約19万もあります！

　一方、森の面積も国土の3分の2に及びます。フィンランドはヨーロッパ一の森林国なのです。

沈まない太陽、
白夜とオーロラ

　夏のフィンランドは1カ月以上も白夜が続きます。北部に行けば行くほど白夜は長くなります。フィンランド人はこの白夜をうまく使い、夜中にもハイキングに出たり、ゴルフを楽しんだりします。

　そして夏が過ぎ、冬がやってくると、美しいオーロラの季節に。北に行くほどきれいに見える可能性が高くなるので、ラップランド地方には世界中から観光客が訪れます。»p.40 Luku1

シャイだけど、
礼儀正しく優しい
フィンランド人

　フィンランド人の性格は、少し日本人に近く、恥ずかしがり屋で、人見知りだといわれますが、心を許した相手にはとても親切。また時間や約束もきちんと守る国民性でもあります。

　外見でいえば、大柄な人が多く、平均身長は女性が約165センチ、男性は180センチほどもあり、日本人よりかなり高いです。

発祥の地！
サウナ大国フィンランド

　日本でも人気のサウナの発祥地であるフィンランドには、国内に300万以上のサウナがあるといわれています。フィンランド文化を象徴するサウナはフィンランド人の憩いの場であり、リラックスできる場でもあるのです。

»p.72 Luku3

フィンランドの主要都市と本書に登場する町

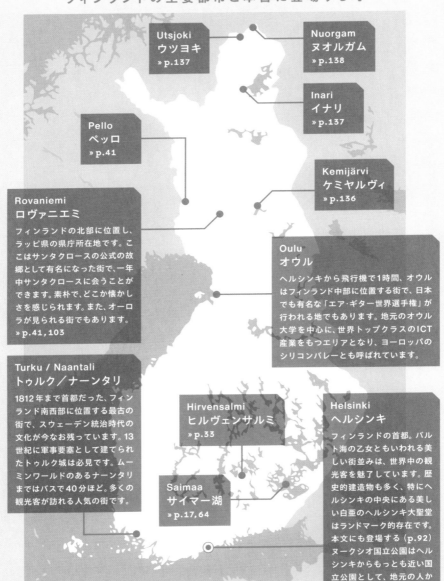

Utsjoki
ウツヨキ
» p.137

Nuorgam
ヌオルガム
» p.138

Inari
イナリ
» p.137

Pello
ペッロ
» p.41

Kemijärvi
ケミヤルヴィ
» p.136

Rovaniemi
ロヴァニエミ
フィンランドの北部に位置し、ラッピ県の県庁所在地です。ここはサンタクロースの公式の故郷として有名になった街で、一年中サンタクロースに会うことができます。素朴で、どこか懐かしさを感じられます。また、オーロラが見られる街でもあります。
» p.41,103

Oulu
オウル
ヘルシンキから飛行機で1時間、オウルはフィンランド中部に位置する街で、日本でも有名な「エア・ギター世界選手権」が行われる地でもあります。地元のオウル大学を中心に、世界トップクラスのICT産業をもつエリアとなり、ヨーロッパのシリコンバレーとも呼ばれています。

Turku / Naantali
トゥルク／ナーンタリ
1812年まで首都だった、フィンランド南西部に位置する最古の街で、スウェーデン統治時代の文化が今なお残っています。13世紀に軍事要塞として建てられたトゥルク城は必見です。ムーミンワールドのあるナーンタリまではバスで40分ほど。多くの観光客が訪れる人気の街です。

Hirvensalmi
ヒルヴェンサルミ
» p.33

Saimaa
サイマー湖
» p.17,64

Helsinki
ヘルシンキ
フィンランドの首都。バルト海の乙女ともいわれる美しい街並みは、世界中の観光客を魅了しています。歴史的建造物も多く、特にヘルシンキの中央にある美しい白亜のヘルシンキ大聖堂はランドマーク的存在です。本文にも登場する（p.92）ヌークシオ国立公園はヘルシンキからもっとも近い国立公園として、地元の人からも愛されています。

基本のフィンランド語

あいさつ

はじめまして！	ハウスカ トゥトゥストゥア！ Hauska tutustua!	
私の名前は○○です。	ニメニ オン ○○ Nimeni on ○○.	
こんにちは！	（ヒュヴァー） パイヴァー！ (Hyvää) päivää!	
やあ、こんにちは。	モイ ／ ヘイ Moi. / Hei.	＊カジュアルなあいさつ。 ただし、Heiはフォーマルな あいさつとしても使えます。
さようなら。	ナケミーン！ Näkemiin!	
よい旅を！	ヒュヴァー マトカー！ Hyvää matkaa!	

基本表現

はい　いいえ	キュッラ ／ ヨー　　エイ Kyllä. / Joo.　Ei.	＊日常会話では Joo.を使います。
ありがとう！	キートス！ Kiitos!	
元気？	ミタ クールー Mitä kuuluu?	
元気だよ、ありがとう。	キートス ヒュヴァー Kiitos hyvää!	

乾杯！	キッピス Kippis!
いただきます／ 召し上がれ。	ヒュヴァー ルオカハルア！ Hyvää ruokahalua!
（とても）おいしいです。	（トシ） ヒュヴァー (Tosi) Hyvää.
お会計をお願いします。	サーンコ ラスクン Saanko laskun?

季節のあいさつ

あけまして おめでとうございます！	ヒュヴァー ウーッタ ヴオッタ！ Hyvää uutta vuotta!
よい夏至を！	ヒュヴァー ユハンヌスタ！ Hyvää juhannusta!
メリークリスマス！	ヒュヴァー ヨウルア！ Hyvää joulua!

数字

1 ウュクスィ yksi	2 カクスィ kaksi	3 コルメ kolme
4 ネルヤ neljä	5 ヴィースィ viisi	6 クースィ kuusi
7 セイッツェマン seitsemän	8 カハデクサン kahdeksan	9 ウュフデクサン yhdeksän
10 クュンメネン kymmenen		

フィンランドの自然

何もしないをする時間
─湖のほとりで─

　フィンランドには手つかずの自然が多くあり、その中でも湖は
フィンランドの自然美の一つです。その数なんと19万近くもある
といわれています。

　そんな湖のほとりに、フィンランド人は家族代々受け継がれた自
分たちのモッキ（mökki）を持っています。モッキというのはコ
テージのことで、日本でいう別荘のひと回り小さいイメージでしょ
うか。モッキにはそれぞれ専用のサウナが離れのように建てられて
いて、サウナで熱くなった体を湖に入って冷やすのがフィンランド
の夏の定番です。

　フィンランドでは、暖かくなってくると、家族、親戚、友人が休暇を取ってモッキに集まってきます。モッキで1カ月以上暮らすこともあります。彼らが何をしに行くかというと……何もしないことをしに行きます。おなかがすけば何かを食べ、大事な人と話し、眠りにつく。好きな時間にサウナに入る。サウナに入った後、湖につかっていると、まるで自分がフィンランドの自然の一部になったように感じます。そうやって、日々の"何かしなければならない時間"から解放され、"何もしないをする時間"を作っているのです。

　フィンランド東部にサイマー湖と呼ばれる国内最大の湖があります。天然記念物のサイマーワモンアザラシが生息している、水のとてもきれいな湖です。
　ある夏、この湖のすぐそばにあるモッキに遊びに行きました。友人のアレクシとユーリが誘ってくれたのです。そのモッキは木造で

2部屋、電気は通っておらず、冷蔵庫もありません。トイレも水洗トイレではありません。電気がないというと不便に感じるかもしれませんが、フィンランドでは夏の間は日照時間が長く、夜遅くまで明るいので問題はありません。

　飲食物の保存については地面を掘って作った倉庫に入れておけば、冷蔵庫とまではいきませんが、夏でも腐敗を遅らせることができます。こういう昔から続いてきた方法で生活してみると昔の人とつながることができたようで安心します。

　みんなで楽しく夕食を取り、終始穏やかに過ごし、食後もおのおのの自由に楽しむ。みんながみんなを自然体で受け入れている、そんなゆったりとした、心地よい時間が流れていました。

　日本でも、フィンランドでも、現代の生活は便利です。どこにで

も行けて、何でも手に入る、楽で効率のいい生活を私自身も快適だと感じています。ただ、普段の生活の中でも何のために学校に通ったり、仕事をしたりしているのかよく考えたいものです。誰かより勉強しなくちゃいけない、誰かに勝たなければならない……そういったことはこのモッキの日々にはなく、ただ自然に時間が流れて、暮らしを豊かに育んでいきます。

　普段とは真逆の生活を取り入れることによって、普段の生活の中の大切なことに気づく。何もしないでいることによって、何をしたいか、何をするべきかに気づく。自然に近づいて溶け込んで、自然の一部になることによって、自分も自然の一部だということに気づき、自然にあらがわない大切さを知る。

　こういったことを忘れないようにフィンランド人はモッキでの時間を大切にしていると、私は感じています。

🌿 近所の森に出かけよう 🌿

　家から歩いて5分もかからないところに森があります。広葉樹だけでなく、落葉樹の白樺、楢の木、針葉樹の松の木、もみの木が茂り、その他の植物もたくさん自生しています。春にはワイルドハーブ、夏にはビルベリー、秋にはきのこも採れます。

　思考が凝り固まったり、展覧会に出す陶器のアイデアが浮かばなかったり、何かストレスを感じると、森に行きます。360度どこを見渡しても木々に囲まれた場所に身を置くだけで、普段とは違う清々しさが感じられます。森は、人間のいらいらしたり、焦ったり、時には他人に嫉妬したりといった気持ちをいつもどれだけでも吸収してくれる、そんな寛大さを持ち合わせているようです。

　また、四季を通しての植物の成長も興味深いものがあります。

　森には春夏秋冬それぞれ違った表情があり、訪れるたびに新しい発見があります。植物の色や形、匂い、味、葉っぱが擦れる音は五感を刺激してくれます。

　長い冬を乗り越え、春になると木々はだんだんと葉をつけていきます。やがて葉っぱが生い茂り、1本の立派な木になると、夏を感じます。フィンランドの夏は短く、8月の中旬くらいから涼しくなってきます。秋は、美しい紅葉の季節です。そして、木々の葉っぱが散っていき、枝だけになるのが、冬到来のサインです。この散りゆくさまも哀愁がただよって何とも美しいです。

　フィンランドの生活もいつでも幸せばかりだったわけではありません。何度も苦しい時期があり、特に自分のレストランをいったん閉めようと決めるまではずいぶん悩みました。木々の葉がすべて散ってしまった長い長いフィンランドの冬のような時間だったと思います。木々は次の季節に新しく芽吹くために、すべての葉っぱが散り、冬に備えます。落ち込んだり、悩んだりしていた時間は、次の再生のためだったのだと、今では思えます。

　子どもたちは森で遊び、森に育てられていきます。

　落ちている松ぼっくりを拾って、いい木の枝を見つけ、その枝で
松ぼっくりを打つ。結構楽しく、最初のバッティング練習にはもって
こいです。道はでこぼこで岩も多いので、遊びながら体のバラン
ス感覚も養われていきます。

　子どもだけではありません。大人も、ちょうどいい木と木の間を
見つけたらハンモックをかけて横になったり、ガスバーナーでお湯
をわかしてコーヒーを入れたりと、森での時間を堪能します。

　自分自身が小さい頃に遊んだ景色が脳裏に残っているように、子
どもたちにも何かしらの風景が記憶として大人になっても残るもの
だと思います。ある時、こんなことがありました。

　季節は初冬、次男が1歳で、長男が4歳でした。長男が自分で拾っ
たものを初めて次男にプレゼントしました。それはフィンランド語
でケッピというのですが、短い木の棒でした。次男はそれを大事そ
うに持って歩いていました。

　まもなくほぼ流れのない浅い小川に出合いました。長男が木の枝
で水面をつついたり叩いたりし始めました。次男は先ほどのケッピ

は左手に持ったまま、別の枝を拾って長男のまねをしました。しばらく見ていると、次男が頭から小川に落ちてしまいました。すぐに助けたのですが、全身びしょぬれです。

　私は次男を抱きかかえて急いで家に向かいました。家に着いて、着替えさせようとしたところ、次男は何かを握りしめています。それは長男からもらったケッピでした。水に落ちて怖い思いをしても、帰りの道中で一度も手から離さなかったのです。兄弟間の強い絆が結ばれた瞬間だったのかもしれません。

　フィンランドにはこういった大人も子どもも楽しめる森がたくさんあって、人々の憩いの場となっています。近くでいつでも自然を感じられる環境が、人々に癒やしや知恵、発想力、エネルギーまで与えてくれています。木々に囲まれる時間を持つことはフィンランドに住む人々にとって自然で、当たり前のことです。

　フィンランドの森とともに育つ息子たち。2人が大人になった時、ケッピを渡し、受け取った日のことを覚えているか、聞いてみたい気がします。

🌿 庭の訪問者たち 🌿

　我が家にはちょっとした庭があります。5月ごろから芝の緑が広がり、桜が開花すると、次々といろいろな花が咲き始めます。フィンランドの夏は日が長く、太陽の光を一日中浴びた植物は毎日違った姿を見せ、1週間もたてば見違えるほどに成長します。

　庭の小さなスペースで苺やジャガイモ、ケールなどを育てています。ケールはカメムシの大好物なのが厄介です。それ以外の場所にも数えきれないぐらいの植物が好き勝手に生えます。私が名前を言えるのは、柊、桜、カシス、芍薬、クローバー、たんぽぽ、オオイヌノフグリくらいです。うっかりするとそのとげで足を引っかいてしまうイラクサは、本当にどこにでも生えてくるのでフィンランドに住む日本人ならフィンランド語のノッコネンで覚えています。

　時々その植物のまわりをクマバチが飛んでいます。怖がる人もいますが、イメージほど攻撃性のあるハチではありません。形が丸くてかわいらしいので、庭にいてくれるとうれしくなります。

　そして土の中にはミミズがいます。ミミズがいるのは土がいい証拠と聞いたことがあるので、そのままいてほしいのですが、鳥が見つけてはつまんで飛んでいってしまいます。

　風がある日は草木がさわさわさわと擦れる音、また、ピヨピヨピヨ、チュイチュイチュイ、キューリー、ピピピピピ、いろいろな鳥の鳴き声が聞こえます。毎年つがいのキジバトがやってくるので、5月を楽しみにしています。

　フィンランドの暮らしもそれなりに忙しいので、料理教室の準備をしたり、子どもを学校や幼稚園に送り迎えしたりするだけで過ぎていきます。なかなか庭を訪れる鳥の名前を覚える余裕はありません。しかし、名前も知らない鳥たちの鳴き声は何とも言えない心地よさを与えてくれます。

　鳥のフンや足に種子がついているのか、庭にはまったく知らない草が毎年生えてきます。何度も根絶やしにしたはずの植物も、まる

で挑戦してくるかのごとく、次の年にはさらに勢力を増して育ってきます。根っこはわけのわからないくらい土にのめり込み、引っ張っても取れない、または引きちぎれる。変なところに生えた雑草抜きは、やるとなったら結構時間がかかり、体力もいる。

　こういった作業をするよりも、子どもたちと遊んだり、陶芸をしたり、文章を書いたりしたいのですが、雑草を取り終え、きれいになった場所を見ると、清々しい気持ちになります。やりたいことを達成した時とは違うけれども、気持ちいいのです。

　太陽が照った夏の暑い日には、この庭で家族と一緒にバーベキューをします。炭火の上にセットした網の上で肉や野菜を焼くのですが、炭火に木の皮をのせるとモワモワとスモークが出てきます。そうしたら網の上にふたをして食材にスモークの香りをほんのりとつけます。それを炊きたてのご飯と一緒に食べると、これがまた最高においしい。

　こんな楽しい夏もつかの間、短い秋の後すぐに冬がやってきます。冬は庭が雪で真っ白になり、庭というより、雪のたまり場といったほうがいいかもしれません。たまに野ギツネが庭に入ってくることもあり、冬には冬の庭の楽しみがあります。サウナの後に庭

に出て雪の中に寝転がり、ほてった体を冷やすこともできます。

　フィンランドの家には必ず庭がある、というわけではありません
が、うちの近所には庭があるお宅が多く、花だけでなく白樺やリン
ゴの木もあって、季節ごとに目を楽しませてくれます。

　庭を楽しむことについては、フィンランド人にはまったくかない
ません。バーベキューもしょっちゅうですが、そうでなくても庭の
テーブルに果物とワインを置いて一日中おしゃべりしていたり、子
どものいる家にはトランポリンがあって、元気のいい声が聞こえて
いたり、晴れた日にはシートを敷いて寝転がり日差しの下で読書を
していたり……。

　「夏の間にできるだけ日光を浴びて体の中にビタミンＤをためて
おかないといけないんだよ。」
友人や知り合い、いろいろな人がそう言うのを耳にしました。

　庭に緑が生い茂っている時期は一年で半年もないかもしれませ
ん。そんな夏の短いフィンランドに暮らす人々は庭の楽しみ方をよ
く知っているようです。

食べていいよ、
ここにあるビルベリー全部

　日本のスーパーで買えるベリーというと、昔はストロベリー、つまり苺ぐらいでしたが、最近ではブルーベリーやラズベリーなども時々見かけるようになったと聞きます。しかし、フィンランドとは比べものになりません。ラズベリー、クランベリー、リンゴンベリー、スナジグミ、ホロムイイチゴ、中でもビルベリー（mustikka）はたくさん採れ、旬の時期にはスーパーや市場でいつでも手に入ります。ビルベリーは見た目も、味もブルーベリーによく似ています。

　その年によりますが、8月の初旬から中旬がビルベリーの最盛期

です。カフェではビルベリーを使ったスイーツが並び、街を歩いて
いるとついビルベリーのケーキで休憩したくなります。家でジャム
やジュースを作ってもいいですし、たっぷりのビルベリージャムと
常温にしたカマンベールチーズを組み合わせて食べると、それはも
う幸せしか感じません。

　出始めのビルベリーは酸味が強いのですが、熟してくると甘くな
り、さらにさっぱりとした爽快感まで与えてくれます。ジャムや
ジュースはスーパーで売っているものでも楽しめますが、この爽快
感だけは天然のビルベリーでしか味わうことができません。これを
求めて時々息子たちと８月の森に入ります。
　フィンランドには自然享受権（p.95 フィンランドメモ）という法
律があります。これは、自然のものは誰かの所有物ではなく、誰で
も享受する権利があるというものです。誰でも森に入ることが許さ
れ、ベリーが育っていくさまを身近に感じることができ、食べ頃は
いつなのか自分で食べて確かめることができる。そして自然の味を
堪能することもできる。それも満足がいくまで好きなだけ。

　うちの子どもたちは２歳ごろから森のビルベリーを自分で採って
食べていたので、この甘酸っぱくて、むにゅっとする柔らかい食感
を覚えたようです。現在５歳になった次男は森に入るとすぐにビル
ベリーの木を見つけ、まだ実がなっていなくても、「これ食べたい
よー。今食べたい。食べたいんだ！」と言って大声でだだをこねま
す。しかし、こればかりは「季節になるまで待つしかないよ」としか
言えません。ただ、子どもの認識力と記憶力が育っていることに驚
きます。

8月の初旬には、森のそこら中でビルベリーが採れます。丸みを
おび、ぷっくり膨らんだビルベリーを指でつぶすと、手はたちまち
紫色に染まります。色素がとても濃く、中まできれいな紫色をして
いるのはそのビルベリーが天然のものだという証拠。無造作にベ
リーを頬張ると、口の中も口のまわりもベリー色になってしまうの
で、次男の顔は小さな悪魔みたいです。しかし、そんなことは気に
もせず、一心不乱にどんどんビルベリーが採れる方へ進んでいきま
す。無我夢中とはこのことです。

　フィンランドの森は、大小さまざまな木が生い茂って、うっかり
すると大人でも迷ってしまうほどです。茂みの暗闇にはお化けでも
潜んでいそうで、特に子どもにとっては、時としてわくわく感とと
もに恐怖感が押し寄せてくる場所です。長男は恐怖を振り払うよう
にこんな歌を歌いながら森を進みます。

　「森に来たらわくわくを100倍にして、森の主役になるんだ」

　こうして夢中で採ったビルベリーも、油断していたら帰り道にパ

クパク食べてなくなってしまいます。手で一粒一粒採る忍耐力と、持ち帰るために採ったものを食べないという我慢は一種の精神修養かもしれない、と思います。

うちでビルベリーパスタを作ってみました。ビルベリー特有の酸味をうまく使い、塩味に仕上げたこのパスタは、自分でもびっくりするほどおいしくでき上がりました。紫色も鮮やかで、ビルベリーが実り始める時期にしかできない、この季節限定の料理です。

旬の季節なら、ビルベリーは手軽にスーパーで手に入ります。お金を出せばすぐにつまんで口にすることができ、毎日食卓をビルベリーパスタで彩ることもできます。ただ、目で木々を愛で、鼻で香りをかぎ、耳で鳥の鳴き声や葉っぱが擦れる音を聞きながら、腰をかがめて一粒一粒採るビルベリーの味わいは格別です。

お金で買うこともできれば、自然の中で採ることもできる。どちらも自由にできるということが本当の豊かさだと思います。

❧ 20年後のユハンヌス（夏至祭）へ ❧

　一年で一番日が長くなる夏至を、フィンランド語でユハンヌス（Juhannus）といいます。フィンランドの夏至はその年によって変わりますが、6月下旬の土曜日を夏至祭として祝います。暗くて寒くて長い冬の間、人々はこの日が来るのを何よりも待ち望んでいるかもしれません。

　夏至が近づくと、朝4時には空が明るくなり、その明るさは夜中の2時ごろまで続きます。フィンランド北部では一日中太陽が輝き、明るすぎて眠れなくなる人もいるほどです。

　フィンランド人は、ユハンヌスを家族や友人と過ごすために、3、

4日前から休みを取ります。大人も子どもも夏至祭の週初めからもうすっかり休み気分です。

　次男が通っているパイヴァコティ（幼稚園）でも、夏至祭が近づくにつれて、どんどん園児が来なくなり、夏至祭の前の最終登園日は15人のクラスで4人くらいしか登園しなくなります。しかもどの家庭も迎えにいく時間が普段より早いです。私も妻も仕事は在宅で、休みを取っているわけではないので、いつも通りの感覚でいると、次男が園で取り残されてしまいます。

　「いつもの友達がいないから、行きたくない」と次男は言います。友達がいるからパイヴァコティに行きたいという気持ちがあるんだと、子どもにとっての友達の存在の大きさを確認しながらも、ほとんどの子が来なくなることに驚きました。

　ユハンヌスの日はモッキに向かい、飲んで歌って、ダンスを踊ったり、サウナに入ってのんびり過ごしたりします。また、夏至祭を象徴するものに、コッコ（Kokko）という焚き火があります。魔除けや夏の収穫が豊作になりますようにとの願いをこめて火を焚くそうです。私は湖のほとりで赤々と燃える炎を見たことがあります。

　家族ぐるみで仲よくしているセラとヴィーヴィ夫妻が、ある年のユハンヌスを過ごすために、ヒルヴェンサルミの近くにあるモッキに招待してくれました。ヒルヴェンサルミはヘルシンキから車で北に2時間半ほど走ったところにある、湖に半島のように突き出した先にある静かな町です。

　モッキに着いたら、まずは一息つくためにコーヒーを入れます。コーヒーを飲んでいるうちに、子どもたちは自由に遊び始め、大人

たちもそれぞれが自然とやることをこなしていきます。食事を用意
したり、お皿を洗ったり、サウナを温めたり、部屋の掃除をしたり、
実際にやることはそれくらいですが、自然と役割分担されていくの
も、気心の知れた友達だからなのか楽です。

　それぞれやることが終わったら、あとは最近の出来事を話した
り、横になったりしてくつろぎます。

　ユハンヌスの日の夕方、モッキの近くでイベントが行われていた
ので、みんなでそこへ向かいました。

　いくつかの屋台が出ていて、ワッフルやマッカラ（ソーセージ）
が売られています。そしてフィンランドの歌謡曲のような音楽に合
わせて、大人も子どもも思い思いに踊ります。日本の夏祭りに近い
感じです。体をくねくねさせて踊る子どもたちはかわいらしく、気
持ちがほっこりします。こういった昔ながらの文化に触れることも
優雅な時間につながっていきます。

　イベントを楽しんだら、出かける前に仕込んでおいたサーモン
スープを食べるためにモッキに帰り、パンやチーズ、果物も一緒に
食べ、ワインを飲みながら、たわいない話をして、夏至の日が過ぎ

ていきました。

　こんな日の記憶が10年後、20年後にも残っていくでしょう。20年後、息子たちはどんな大人になっているでしょうか。いつかまた同じように夏至祭をともに過ごす時には、人との巡り合わせの大切さや素晴らしさなどを語り合いたいと思います。

フィンランドメモ 🍃

スオミって?? フィンランドの正式国名

日本語でフィンランドの正式国名は「フィンランド共和国」です。フィンランド語では、「スオメン・タサヴァルタ」、「フィンランド」の部分だけなら「スオミ（Suomi）」です。じゃあ、「フィンランド」って？ これは実はフィンランドのもう一つの公用語であるスウェーデン語。国際的にはこちらが知られています。

❧ フィンランドの秋の輝き ❧

　冬ばかりが長いイメージが強いですが、フィンランドにもはっき
りとした四季があります。

　木々の新しい葉が出始める「春」。
　日光に照らされて、空の青と湖水の青が輝く「夏」。

　草木の色が変わり、次第に葉が散っていく、儚い「秋」。

　長い長い、終わりが見えないような、厳しい「冬」。

　どの季節が一番好きと言うのが難しいくらいそれぞれ魅力があり
ますが、夏から冬へ時間の流れを感じることのできる秋は、特別な
季節です。

　日本では「紅葉」と書くことが多いですが、フィンランドの秋は

黄色やオレンジの葉が多く、「黄葉」と書いたほうがしっくりきます。そのフィンランドの黄葉には何か語りかけてくるような不思議な力があります。

　黄葉（紅葉）の季節のことをフィンランド語ではルスカ（Ruska）といいます。秋晴れの日は、太陽に照らされた黄葉が、冬が来る前の最後の名残のように、もはや黄色ではなく、黄金色に輝きます。

　しかし、人々が愛する美しい黄葉もやがてすべて散ってゆきます。一見寂しげな落ち葉ですが、落ち葉にしかない魅力があります。落ちたばかりの葉っぱは、まだ枝で風に揺れていた時の色を残していますが、茶色く枯れきった落ち葉はもはや完全に死んだものとなり、その色の違いに生命のコントラストさえ感じます。やがて冬が来ると、常緑樹以外の葉っぱはすべて散り、木々は枝だけになります。

　フィンランドでは、木々が黄金色に輝く10月の中旬にシュースロマ（Syysloma）という秋休みがあります。学校は1週間お休みになり、大人たちも木曜日、金曜日ぐらいから休みを取り、こうした黄葉の景色を見に出かけ、気持ちのいい秋の空気の中で過ごします。日本では「行楽の秋」とよくいいますが、シュースロマはまさにお弁当を持って、家族や友達と少し遠出をする「行楽」にぴったりのお休みです。

　私たち家族もシュースロマを利用して、ヘルシンキ郊外や近くの町へ黄葉を楽しみに行ったことがあります。しかし、この時期のフィンランドはわざわざ遠出をしなくても、近所の通りや公園でも十分に黄金色の輝きを見ることができます。

　子どもたちはどこに出かけても、池や小川を見つけるとすぐに水遊びを始めます。黄葉があってもなくても気にしていないようでもありますが、たとえ無意識であってもこの黄金色に発色した木々の美しさを見て、季節の移り変わりを肌で感じる経験をするのとしないのとでは、大人になってからの感性がまったく違うものになるだろうと思っています。

🌸 写真に撮らなかったオーロラのこと 🌸

　フィンランド語ではオーロラのことをレヴォントゥレット
（revontulet）といいます。フィンランドはオーロラが見える国の一
つですが、写真で見るようなきれいなオーロラがいつでも簡単に見
られるかというとそうでもないのです。私も過去に２回、オーロラ
観測に挑戦したことがあります。

　私の1回目のオーロラ体験はサンタクロース村があることで有名なロヴァニエミ。一年中サンタクロースに会えるこの町は、自然がそのままの形で残っている素朴な町です。

　初めてのオーロラをドキドキしながら待っていたのですが、現れたオーロラは白っぽく不完全で、写真やテレビで見たものとはまったく違っていました。

　緑や黄色、色鮮やかなあの美しい光のカーテンを見るために、2回目は場所を変え、ロヴァニエミから西に100キロほど行ったところにあるペッロという町へ向かいました。

　ペッロは自然豊かで、冬の景色は圧巻。どこを見てもカメラのシャッターを切りたくなるような光景が広がります。駅から宿までは車で20分ほどで、宿からオーナーの男性が迎えに来てくれました。アキというそのオーナーの車に乗り、途中、この辺りには1軒しかないというスーパーで買い物をして宿へ到着。その日はそのまま

休みました。翌朝、部屋を出るとロビーにいたアキが、この辺りは移動が不便だから、これ使っていいよと、自分の車のキーを渡してくれたのです。会ってすぐ、しかも外国人の私に車の鍵を渡す人がいるなんて……驚きつつも、「キートス（ありがとう）」と言うと、彼はにっこりと優しくほほ笑んでくれました。

　マイナス20℃の極寒の地でフィンランド人の暖かさ、優しさを再認識した瞬間でした。

　ペッロには初めて訪れたのですが、すぐそばにはスウェーデンとの国境になっているトルニオ河があります。アキに車を貸してもらったおかげで、ペッロ周辺だけでなく、国境を越え、スウェーデンに行って、さまざまな場所を一気に見て回ることができました。

　北極圏の冬場は日が落ちるのが早く、15時には暗くなってきます。辺りが暗くなり始めると、恐怖感が一気に増します。

　不安を抱えつつも帰路を急ぎ、無事宿に戻ると、アキが「今日は多分オーロラが見えると思いますよ」と教えてくれました。私は食

事をすませ、防寒対策などをし、オーロラ観測の準備に入りました。

　教えてもらった真っ暗なベストスポットで待っていると、19時ごろだったでしょうか。

　1本の白い縦の線の出現に続き、次々に縦の線が現れました。その線は上に昇り、だんだんと横幅を広げていきます。そして一気に空一面にきれいなグリーンがカーテンのようになびき、まるで生き物のように、ユラユラと大きな空を駆け抜けていきます。美しい色はもちろんですが、この動きが一番印象的で、衝撃的でもありました。その動きから目を離すことができませんでした。

　私はオーロラが出ている限られた時間の一瞬一瞬を、目と脳裏にしっかりと焼きつけました。今でもその時の光景はありありと思い浮かべることができます。

　よく「オーロラの写真を見せて」と頼まれますが、私はこの日1枚もオーロラの写真を撮りませんでした。持っていたカメラのデータにはロヴァニエミやペッロの風景だけが残っています。

サンタクロース村の焼きサーモン

雪に埋もれたこのカフェはサンタクロース村で有名なロヴァニエミにあります。サンタクロースに会ってうれしくて胸がいっぱいになった後は、こんなかわいらしいカフェに入って休憩するのもいいでしょう。看板メニューの焼きサーモンでおなかいっぱいにするのもすてきな思い出になるはずです。

マクヤマク
オリジナル
レシピ

1

Luku2 » p.59
冬を越える貴重なタンパク源
—魚と肉の料理—

カーリパタ
Kaalipata
フィンランドの伝統的な家庭料理

Ainekset

材料（3人分）

牛ひき肉	400g
キャベツ	600g
玉ねぎ	1個
にんじん	1本
米	100g

水または野菜で取っただし	材料が浸る量
砂糖またはシロップ	大さじ2
ローリエ	2枚
パセリ	お好みで
塩、胡椒	適量

作り方

1. キャベツは小さめの四角、にんじんは小さいさいの目に切って、
玉ねぎはみじん切りにします。

2. 鍋に油をひいて、ひき肉の色が変わるまで炒め、
玉ねぎとにんじんを加えます。

3. さっと洗った米を入れてさらに炒め、キャベツを入れて混ぜます。

4. 鍋に水(またはだし)とローリエを入れて、火を強めます。
煮立ってきたら、弱火にしてコトコト炊いていきます。

5. 砂糖(またはシロップ)を加えて火加減を調整しながら10分ほど煮ます。

6. 塩・胡椒で味を調え、ふたをしてさらに煮込みます。

7. 米に火が通ったらでき上がりです。

**作り方の
ポイント**

- ひき肉を入れる前に強火で油を熱くしてください。
生臭みが取れて香ばしく炒めることができます。

- キャベツの切り方は大きさは揃えなくてもいいので、
小さくザクザク切っていきましょう。

- 牛の骨が手に入ったら、
骨で取っただしを使うとうま味のあるスープになります。
200℃のオーブンで30-40分骨を焼いて、
鍋で2時間ほど煮込むとだしが取れます。
ご家庭では固形スープを使っても作れます。

- 米からデンプンが出て、食材にとろみがつくと
寒い夜でも体が温まる一品になります。

カーリパタについて

カーリとはフィンランド語でキャベツのことで、キャベツが
主役の料理です。カーリパタはヨーロッパ料理には珍しく、
砂糖を使います。調味料は砂糖のほかには塩・胡椒だけです
が、キャベツ、玉ねぎ、にんじんの甘みとうま味を引き出す
と、日本料理を思い出すほっとした味わいになります。

フィンランドの料理

✤ フィンランド料理の素朴さを味わう ✤

フィンランド料理といっても、まだ日本ではそれほどなじみがないのではないでしょうか。サーモンスープ、ミートボール、マッシュポテト、ポロンカリストゥス（トナカイ肉の煮込み p.62）、カレリアンピーラッカ（マッシュポテトとミルク粥が入ったパイ料理）、カルヤランパイスティ（カレリア地方の伝統的なシチュー p.58）などなど、フィンランドにはたくさんの伝統料理があり、どの料理にも滋養あふれる食材の味わいが深く感じられます。

これはフィンランドの歴史に関係してくるのですが、極寒の冬は食料が収穫できず、夏や秋までに蓄えた穀物や野菜で冬を越してきました。そのためフィンランド料理は、その時々に採れた食材を使

うというよりも、限られた食材で作られているのが特徴です。飛行機などの交通手段が発達する以前は、香辛料などもなかなか手に入らなかったため、多くがシンプルで素朴な味付けですが、だからこそ食材の持つ味わいがあります。

　今は夏になればフィンランド産の新鮮な食材がたくさん手に入りますし、ハウス栽培や国外からの輸入によって、さまざまな食材が届くようになりました。それでも、食材が豊富に取れる国のように、バリエーションに富んでいるわけではありません。

ケヴァット ケイック エン トゥレヴィ
Kevät keikkuen tulevi.
春はゆらゆらとやってくる。

　これは、フィンランド語を習っている先生から教わった、フィンランドの食文化を表している言葉です。

　この言葉は気温が上がったり下がったりしながら春が訪れることを表しています。フィンランドの春は3〜5月ごろに訪れますが、暖かくなってきたかと思えば急に寒さが戻ったり、5月に雪が降ったりします。

そしてこれとは別に、もう一つの意味があります。

フィンランドの冬は大地が雪で覆われ、食料となる植物が育ちません。それに加え、昔はその大切な食料が獣に奪われる危険もありました。そこで、年間を通しての食料を夏から秋にかけて収穫、貯蔵し、冬に備えてきました。寒さ、食料が底をつく恐怖、獣に奪われる危険の中で、人々は食料を協力して大切に守り、何とか生き延びてきたのです。

やがて、春がやってきます。しかし、その頃には食料は残っておらず、人々はふらふらで食べるものを探し求めていた。ゆらゆらというのはその光景も表しているそうです。

フィンランドの食文化は、こうした過去を乗り越えて、今につながっている。そう思うと、フィンランド料理はより味わい深く、素朴さに魅力を感じます。むしろ厳しい時代を生き抜き、現在まで残っている料理はとても興味深いものです。

フィンランドはここ10年くらいで食やレストランに対する認識

が変わり、より豊かになってきました。

　私がフィンランドに移住した2008年ごろは、日曜日のスーパーマーケットはほぼ閉まっていて、土曜日も夕方には店じまいしていましたが、今では、ヘルシンキには日曜日も買い物できるスーパーマーケットがたくさんあります。

　異国の食文化も広まりつつあり、レストランでの食事を楽しむ人も増えてきました。同時に、オーガニックな食材を求める人、牛乳やソーセージ、ハムなどの加工食品や保存料に疑問を持つ人、食を通して健康を考える人なども増えてきています。

　食生活が豊かになることは素晴らしいことですが、一方で、乳製品や肉を使った伝統料理よりもピザやハンバーガーのような外国料理を好む風潮も感じていますし、フィンランドの伝統料理を作れる料理人が減っているということも耳にします。

　フィンランドで取れた食材を吟味して、食材が持つうま味を引き出すことで、素朴ながらとてもおいしい料理になります。

　フィンランドの歴史や風土を感じ取ることができるフィンランド料理。自分自身、フィンランドに住む料理人として、さらにフィンランドの伝統料理について学び、日本ではまだ知られていないその魅力を、皆さんに伝えることができればと願っています。

乳製品たっぷり、
寒い国ならではの食文化

フィンランド料理は食材がシンプルで、素朴な味わいのものが多く、寒い国ならではの発想で作られた伝統料理がたくさんあります。

まず、フィンランドは冷涼な土地柄から、酪農が盛んで、乳製品が豊富です。そのため牛乳、クリーム、バターを使った料理が多くあります。ここでは代表的な4種を紹介します。

一つ目は、フィンランドではおなじみのロヒケイット（サーモンのクリームスープ レシピp.68）です。サーモンの代わりに他の魚

を使うこともできます。このスープはフィンランドでは年中食べられますが、夏になると新ジャガ、にんじん、ブロッコリー、エンドウ豆といったフィンランドの夏野菜がふんだんに使われ、ケサケイット（夏スープ）と呼ばれます。ケサケイットは、フィンランドでは数少ない、季節が感じられるスープです。

　二つ目はマカロニラーティッコです。ラーティッコはフィンランド語で箱のことで、見た通りの「マカロニ箱」という意味です。マカロニをゆで、ひき肉と玉ねぎを炒めたら、バター、牛乳、クリーム、

卵を混ぜ合わせ、ラーティッコに入れてオーブンで焼き固めます。チーズも入っていて、乳製品が集結した料理です。焼き上がったら、ケチャップをつけて食べます。

　この料理は私がフィ

ンランドに来た当初からよく食べていて、今も家でよく作ります。

　三つ目はフィンランド人が朝食として食べることが多いプーロ（ミルク粥）です。

　お米と牛乳を合わせて食べるなんて、日本人にとっては違和感があるかもしれませんが、フィンランドでは昔から食べられている伝統料理だけあって、とてもおいしいです。お米の他に麦粥もあります。

　米や麦を牛乳で炊いたら、シナモン、砂糖をたっぷりとかけ、真ん中にバターを落として食べます。日本から遊びに来た幼なじみのショウも最初は牛乳と米は無理だと言っていましたが、一度食べると、帰国の際には「またプーロが食べたくなってきている」と言うほどでした。

　最後は、ラスキソーシという、豚肉と玉ねぎ、バター、小麦粉、豚のだしまたは水、塩・胡椒で煮込んだ料理です。

　これも昔ながらの料理で、ソースに使われる豚肉の脂が体を温め、寒さから身を守ってくれます。使う食材も少なく、昔の食材事情がどのようなものだったのかうかがい知ることができます。

　今は昔と比べると食材が豊かになってはいますが、基本は崩さず

に、ほぼ昔の形のままなのもフィンランド料理の特徴です。材料に
も調味料にもアレンジを加えず、「フィンランドはこうだから」と言
い切る人が多いところにフィンランド人のメンタリティを感じま
す。街中でラスキソーシを食べられる店は少ないですが、古くから
あるレストランに行けば見つかる、または、注文して作ってもらえ
るかもしれません。

　伝統料理はその土地で取れたもので作られ、代々伝えられてきた
料理です。そうした料理からは、その土地で収穫されていた食材を
知ることができます。
　また、今のような流通環境が整う前の時代からあった料理なの
で、食べるとその時代とつながり、まるでタイムスリップしたよう
な感覚に浸ることができます。

　ここでは乳製品を使った伝統料理を紹介しましたが、魚や肉を
使ったフィンランドの伝統料理ももちろんたくさんあります。
　その魅力を次のページでご紹介しましょう。

冬を越える貴重なタンパク源
―魚と肉の料理―

　フィンランドは魚介類が豊富に取れる、というイメージを持っている方もいるかもしれませんが、実は魚料理はそれほど多くありません。しかし、貴重なタンパク源として、フィンランドで長く必要とされ、愛されている伝統料理があります。

　まずは、フィンランドの代表的なサーモンの焼き物です。塩と胡椒をふって油で両面を焼く、ロヒメダリヨンキという方法で調理します。サーモンの下にはマッシュポテトと根菜のオーブン焼き、上にはディルの花のつぼみをのせます。ディルの花のつぼみは8月に

なると手に入るようになりますが、香りと味が特徴的で、この食材から季節を感じ取れます。

　サーモンには鬱^{うつ}や無気力などから身を守ってくれるビタミンDが豊富に含まれています。太陽が顔を出す時間が短い、北欧の暗い冬場には特に積極的に食べたい食材です。

　次は、ライ麦粉をまぶして油で焼いたシラッカピフビという小魚のフライです。シラッカというイワシに似た魚の身を開いて骨を取

り、そこにディルと塩・胡椒で下味をつけたら、2枚を合わせて焼き上げます。

　ケルマヴィーリという乳製品とディル、レモン汁、塩を使った白いソースをかけて食べます。

サケ科の淡水魚であるムイックの焼き物は、できるだけ小さいサイズを選ぶと、そのまま食べても骨が柔らかいので、気になりません。ムイックの身は淡白で、できたてを口

に入れると香ばしさが広がって、次々手を伸ばすのを止められなくなります。カルシウムやタンパク質がたくさん取れます。ヘルシンキの市場にある屋台や地方のフェスティバルでは、必ず目にする定番料理です。

次に肉を使った伝統料理を紹介します。
一つはカルヤランパイスティ（レシピ p.140）です。フィンランド南東部とロシア北西部に広がるカレリア地方の伝統料理ですが、今ではフィンランド全土で食べられています。

材料は牛肉、豚肉、にんじん、玉ねぎ、日本でも毎日の食卓で活躍する食材ばかりです。電気ヒーターがなく、薪で部屋を暖めていた時代に、その熱を有効活用して、長時間炊き込んだ料理がこの

カルヤランパイスティです。肉も野菜もとても柔らかくなり、手に入る食材が限られていた昔の時代を考えるととても豪華な料理だったと思います。

　もう一つはカーリパタ（レシピp.44）。豚や牛のひき肉、キャベツ、にんじん、玉ねぎ、米、ローリエ、野菜のだしで炊いて作ります。米も入っているので、日本人の味覚にも合います。1回でたくさんの量を作れて、みんなで集まって食べる時にも大活躍の一品です。ヨーロッパではデザートが甘いので、料理にはあまり砂糖を使いませんが、この料理には使います。
　初めて食べた時は、フィンランド料理から砂糖の程よい甘さを感じられるとは思っていなかったので、衝撃を受けました。

　さて、魚や肉を使った代表的なフィンランドの伝統料理を紹介しました。食べてみたいと思った料理はありましたか？
　長く愛されている伝統料理の味とともに、その土地の歴史を知ることで、味覚を成長させ、過去の人々の生活や気持ちに触れることができます。
　新たな発想で新しい料理を考えたり、作ったりすることにつながっていくその時間は、私の人生において、とても有意義なものです。

🦴 トナカイ肉のおいしい食べ方 🦴

　日本では、トナカイといえばサンタクロースを乗せてそりを引く姿をイメージする方が多いでしょう。上の写真はロヴァニエミのサンタクロース村でそりを引くトナカイです。

　トナカイの見た目はとてもかわいらしく、温厚そうな印象がありますが、なれなれしく触ると、角で突かれそうな怖さと、どこか高貴さも感じます。

　トナカイは氷点下でも生きられることから冬場の貴重な食材として昔から飼育され、今でも放牧されていたり、大きな囲いの中で飼われていたりします。トナカイの毛皮、角もフィンランド中で買うことができます。

　私は肉の中ではトナカイ肉が一番好きです。トナカイはあまり筋肉質でなく、それでいて冬は氷点下で生きているので、身が引き締まっていて私の好みに合います。

　トナカイの肉は、11月ごろ店頭に並びます。冷凍した肉は一年中スーパーでも購入できますが、やはりこの時期のフレッシュな肉は格別です。

　では、ここで私が考える、トナカイ肉のおいしい食べ方を紹介します。

　まずはトナカイ肉のハンバーグ。ミンチにした肉、卵、塩・胡椒のみで粘りが出てくるまでこねて、フライパンで両面を焼いたら、160℃のオーブンで5分焼きます。この料理は肉の味と香り、何といっても他の肉にはない歯切れのよい食感が特徴です。ゆでたジャガイモをスパイスを効かせて軽く炒めたパイステットゥペルナを付け合わせにするか、マッシュポテトと焼いたにんじんや、グリーンペッパーなどを合わせて食べると最高です。

　二つ目はトナカイの前足を使ったスープ。こちらは骨のだしの味を存分に楽しめます。肉に焼き目をつけ、ガーリックと野菜とともに水から炊いていきます。味付けは塩・胡椒、タイムやローリエ、

セージといったハーブを少しずつ。口に入れると香りが心地よく鼻を通り抜けます。かむと肉と野菜のだしの味が口の中に広がり、エネルギーになっていく感覚があります。

　三つ目はフィンランド最北端の町、ヌオルガムで見つけた、トナカイの背中のフィレ肉薪焼きです。肉に塩・胡椒をし、薪で豪快に焼いていきます。その他にも、トナカイの肉を塩と香辛料で炊いたポロンカリストゥスというフィンランドの伝統料理も人気です。マッシュポテトとキュウリやビーツのピクルスと一緒に食べたり、夏に採ったリンゴンベリーのジャムをつけて一緒に食べたりします。
　一度ベテランシェフになぜ肉とリンゴンベリーを合わせるのか聞いたところ、「昔からこの食べ方で理由はわからない」ということでした。
　私なりの考えでは、リンゴンベリーには独特な強い酸味と若干の

北部の町イナリのレストランで食べたポロンカリストゥス

苦味があります。歴史的にフィンランドには香辛料があまり入ってこなかったので、このソースが合ったのではないでしょうか。

　最初は好きではなかったのですが、食の歴史やフィンランドの自然の恵みを知っていくうちに、この組み合わせこそ、フィンランドの味だと思えるようになりました。

　これらの料理は、食材を買ったところから作り方、味、場所、誰と食べたかまですべて覚えています。料理の記憶は自分の味覚に直結していて、また何年かたって同じものを食べた時に、それが心地よさや安堵につながります。

　その土地の食材や伝統料理を食すことは大切な思い出の一つとなるとともに、その土地の人の気持ちに寄り添えたり、時代を超えた共感まで味わえたりします。

　トナカイはフィンランド人の生活や食文化と密接に関わっています。トナカイ肉の料理は、フィンランドでしか味わえない"味の記憶"が得られるものなのです。

❧ フィッシュスープを特別にするもの ❧

　私は料理人ですが、誰もが認める世界一の料理なんてないと思っています。

　なぜなら、人は環境や食文化、嗜好、またアレルギーや宗教上の制約で食べられないものなど、それぞれ違っているからです。ですから世界一という概念すらなくてもいいし、自分の中で一番よかった、素晴らしかった、料理はそういう個人的な感想でいいのです。

　季節は夏。場所は17ページでも登場した私の大好きなサイマー湖です。

　サイマー湖は水質がよく、水の色もとてもきれいで、夜になると

独特で幻想的な紺色になり、何年もたった今でも目の奥にその色が焼き付いています。

　そしてここで取れる魚が美味なのです。この湖のように透き通った味を感じます。

　友人であるアレクシとユーリのモッキに滞在中、遊びに来ていたおじさん2人にボートでの釣りに連れていってもらえることになりました。おじさんたちは前日に何匹も釣っていたので、自分も簡単に釣れるだろうと高をくくっていました。

　そんな私の気持ちを魚たちが察したのか、嫌われたのか……ボートの上で4時間粘りましたが、結局、1匹も釣れませんでした。

　そんな私をよそに、おじさんたちはアハヴェンという魚を20匹くらい釣っていました。彼らは陸に戻ると、すぐさま釣った魚のエラと内臓を丁寧に取り除いて洗い、塩を当てて、燻製にします。

　燻製専用の箱に木のチップを敷き、その上に釣ってきた魚を並べ、ふたをして、薪で燻していくのです。

　冬が長いフィンランドでは、魚は大事なタンパク源。冷蔵庫のなかった時代は地面を掘って作った倉庫で保存していました。

　この日の料理は私が担当。アウェーで作る本気料理です。カラケイット（カラ＝魚、ケイット＝スープ）、その名の通りフィッシュスープを作りました。

　材料は燻製アハヴェン、キャベツ、ジャガイモ、玉ねぎ、ほうれん草、ニンニク、水、塩、胡椒で、すべてフィンランド産です。これほど材料がシンプルなのは、貴重なフィンランドの夏の恵みを十分に堪能してもらいたかったからです。

　モッキでは外に大きなテーブルがあり、そのテーブルをみんなで囲んで食事をします。日本だと、その場に目上の人や何度か会ったことがあるだけの人がいると、緊張したり、気を使ったりするものですが、フィンランドではそういうことを感じません。目上の人でもファーストネームで呼ぶからなのか、涼しい風が運んでくる湖の澄んだ空気のおかげなのか、外での食事は何の煩わしさも感じず、ただただ気持ちがいいです。まわりにそびえ立つ木々が、日々の不安やストレスを吸収してくれるように感じます。

　ここで私が作ったスープをみんなで食べながら、モッキでの過ごし方や燻製の作り方、薪の割り方などを教えてもらいました。

　こうして人から人へ、そして子どもたちへ伝わっていく。こうやって文化は継承されていくんだな、ということを感じ取ることができました。

　このフィッシュスープはここにいるみんなが準備に関わって、目の前の美しい景色とつながっている。その場所で取れる滋養を体に吸収し、みんなが満たされる。そして大切な友人と少しずつ仲を深めていく。料理はこうやって作り、味わうのがベストだし、もし世界一幸福度の高い料理があるとしたら、これこそがその料理といえるかもしれません。

　文化や世代が違う人たちとわかり合うのは簡単なことではありませんが、料理を一つのきっかけにして、そういう壁も越えることができます。食事を一緒に取りながら、お互いを理解することは世界共通のコミュニケーション法かもしれません。

　毎日の素朴な料理にも、たまに食べる贅沢料理にも、どの料理にも楽しみがあり、生きる糧になります。

Luku2 » p.53
乳製品たっぷり、
寒い国ならではの食文化

ロヒケイット
Lohikeitto
サーモンのクリームスープ

Ainekset

材料（2-3人分）

サーモンフィレ	400g	バター	30g
ジャガイモ	2個（300g）	小麦粉	小さじ1
玉ねぎ	1/2個（120g）	水またはサーモンの骨で取っただし	
にんじん	1本（150g）		250㎖
カリフラワー	120g	牛乳	350㎖
キャベツ	120g	生クリーム	150㎖
ディル（手に入れば）	お好みで	ローリエ	3枚
レモン	1/4個	塩、胡椒	適量

作り方

1 野菜とサーモンをお好みで食べやすい大きさに切ります。

2 鍋にバターを入れて温め、玉ねぎ、にんじん、カリフラワー、
キャベツを炒め、塩をひとつまみ入れます。

3 ジャガイモを加えて炒めたら、小麦粉を入れて混ぜ合わせます。

4 水（だし）、ローリエ、塩・胡椒を入れ、一煮立ちさせます。

5 牛乳、サーモンを入れて、灰汁が出てきたら取りながら、
弱火で煮ていきます。

6 最後に生クリームを加え、塩で味を調節します。

7 器に盛って、お好みでディルを飾り、レモンを搾ります。

**作り方の
ポイント**　最後にディルをのせるとぐっとフィンランド料理らしくなります。
ディルはヨーロッパでよく使われるハーブで、
最近は日本のスーパーでも手に入るようになってきました。

ロヒケイットについて

ロヒはサーモン、ケイットはスープのことで、フィンランド
のスープの代表であるサーモンスープです。サーモンのうま
味、野菜の甘みでクリームの濃厚さが引き立ちます。サーモ
ンを他の魚に変えることもできますし、野菜はお好みで旬の
ものを使いましょう。ロヒケイットにパンがあれば1回の食
事としても十分です。

フィンランドの人々

⚘ ある日の薪サウナ ⚘

　フィンランドでは、電気サウナは自分たちの家にもあり、いつで
も入ることができます。しかし、本来の薪を使ったサウナ、それも湖
や海のそばにある薪サウナは特別なものです。ゆっくりした時間の
中で薪サウナに入って頭の中を整理しているうちに、サウナがどの
ようにフィンランドの人々の役に立っているか、改めて気がつきま
した。

⚘ ❧ ⚘ ❧ ⚘

　斧を振りかぶり、木を叩き割って、薪を作る。

　サウナ用のストーブに薪を入れ、火をつける。
　ぼうぼうと燃え上がる炎とともに、サウナ小屋の温度が上がって
いく。

　ストーブの上に置いてある石がとてつもなく熱くなった頃、小屋
に入っていく。
　順番に座り、ストーブの近くに座った人が、熱された石に水をか
ける。
　シャーという音が響き渡る。
　それから数秒後に蒸気が小屋中を回り、体中にまとわりつく。
　とても心地がいい。

　温まった体を冷たい水で冷やす。湖や海のそばのサウナなら、サ

ウナを出てそのまま歩き、水に入ります。日本のサウナにある水風呂と同じ役割です。真冬なら、真っ白に積もった雪の中に体を投げ出して寝転がることもできます。この温度差によって、普段使わないような神経までも刺激を受けるのですが、これがまた何ともいえず気持ちがいいのです。

　湖や海の水は自然そのものの温度なので、温かかったり冷たかったりすることで季節が動いていることを感じ取ることができますし、自然と触れあうことの意味を考えさせてくれます。

　これを2、3回繰り返せば、体も心も頭もすっきり。たまっていた疲れも取れていきます。この体全体、いや細胞全体で温度差を味わうことこそがサウナの醍醐味なのだと感じます。

　そして、いろいろな人とサウナを楽しむ中で、重要なことにもう一つ気づきました。それはサウナの熱気の温度を一番弱い人に必ず合わせるということです。

　子どもがいれば子どもの心地よい温度に合わせるし、お年寄りが

　その時のサウナの温度で十分なようであれば、その温度を保つ。もっと熱いほうがいい人は、少し長く入っているか、みんながサウナから出た後に熱くすればいい。この目には見えない約束事がどこのサウナでも当たり前に守られているのです。

　この考えはフィンランド人の国民性によるものだけでなく、社会福祉サービスや社会保障など、社会的弱者に寄り添う国家の政策にも表れています。

　人々が厳しい環境で生活する中で、マナーを守り、それらを統一して、誰かが我慢したり、苦しんだりする必要のないこと。むしろ、みんなが分かち合って心地よさを楽しみ、自然とともに生きること。

　自宅の小さな電気サウナもいいですが、やはり時々はフィンランド人の思いやりを感じられる薪サウナに行きたくなります。

❧ お隣さん家のリンゴジュース ❧

　フィンランドにはリンゴの木がたくさんあり、リンゴが大好きな人がたくさんいます。リンゴの白い花が満開になる５月、私は毎年その美しさに心を奪われます。

　リンゴはフィンランド語でオメナ（Omena）、リンゴの木はオメナプー（Omenapuu）といいます。この花が咲く頃、ヘルシンキの街はどこも木々が若葉で緑色になり、冬の姿から一変します。リンゴの花は毎年季節の変わり目を知らせてくれます。憂鬱な冬の間沈んでいた気持ちが少しずつ明るく前向きになり、まるで閉ざされていた心の扉がゆっくりと開かれていくようです。

一方で、このリンゴの木が問題になることもあります。庭に植えたリンゴの木の枝が成長し、隣家の敷地まで入って、トラブルの原因になるのです。場合によっては、伐採しなければなりません。

しかし、それも受け取り方次第で、お隣さんの庭のリンゴの木の枝は我が家の庭に大きく伸びてきていますが、この木の美しさを考えれば何の問題もありません。それに、うちの庭に伸びてきた枝になったリンゴは食べていいと言ってくれているのです。

ある時、あまりにもきれいに咲いているリンゴの花をじっと見ていると、お隣さんが声をかけてくれました。

「実がついたら、いつも通りお宅の敷地の分は勝手に採ってくださいね。去年はリンゴジュースが100リットルできたんですよ。冷凍して保存してあるので飲みますか？」ありがたくジュースをいただくことにして、これから1カ月家族で日本に帰国することを話すと、にっこりとこう言ってくれました。「もし観葉植物があったら、言ってくださいね。」

留守中の観葉植物の世話はすでに他の人にお願いしてありましたが、親切な申し出はうれしく思いました。私から見ると、フィンランドの人たちは「人をいら立たせない」「人に迷惑をかけない」ということにとても気を使っています。それが、「シャイ」「愛想がない」

という印象を与えることもあり
ますが、お隣さんの言葉はフィ
ンランド人の慎ましい優しさと
スマートさが見え隠れするよう
で、はっとするものがありまし
た。普段あいさつ程度しか言葉
を交わさない外国人の隣人にこんなことが自然に言えるなんて。

　持って来てくれたリンゴジュースをありがたくいただくと、毎年
その木から採って食べるもぎたての果実の味がして、正直、これ以
上おいしいリンゴジュースはないというくらいおいしかったです。
花から実をつけるまでを知る木のリンゴジュース、これ以上格別な
ものはありません。

　そして、8月、9月ごろになると、木にはリンゴがたわわに実り、
食べ頃になります。息子たちも大好きで、「皮の近くがおいしいんだ
よ」と言って真っ赤な実にかじりつきます。
　香りが嗅覚を刺激するためか、通りすがりの人が木からリンゴを
採ってそのまま食べることだってあります。バケツに採れたてを
いっぱいに入れ、家の前に置いて、FREE APPLES（フリーリンゴ）
をしている家もあります。欲しければいくらでも持っていっていい
のです。

　フィンランドの家庭では食べきれないリンゴを、ジュースやジャ
ムにしていつでも楽しめるように保存します。バターと砂糖で焼い
て焼きリンゴにしたりもします。冷やして次の日に食べると、リン

ゴの酸味とバターの濃厚さ、砂糖の甘みがハーモニーを生み出し、苦みの強い紅茶との相性が抜群です。

　地面に落ちたリンゴも、食べられるところは切って使い、無理なら処分します。落ちて腐敗したものはみんなでおしゃべりをしながらきれいに片付ける。こういったことを通じて、地域のコミュニケーションの輪が広がり、人々がつながります。

　落ちたリンゴは野生動物や虫たちが食べます。もちろん木についた状態で虫に食べられていることだってあります。それでも傷付くことなくまん丸に育つリンゴはたくさんあって、待てば待つほど甘くおいしくなっていきます。そろそろ採って食べようかと思っていると、鳥に突かれて落ちたり、虫に穴を開けられたり、まるで自然の味を誰が一番おいしい状態で食べるか競争しているようです。

　お隣さんからもらったリンゴジュースの容れ物は返してねと言われているので、飲み終わったら、おみやげを添えて返しにいこうと思っています。

❧ ハカニエミ市場で食材を買う ❧

　ヘルシンキの地下鉄ハカニエミ（Hakaniemi）駅から歩いてすぐ
のところにレンガ造りのハカニエミ市場があります。ここは1914
年から100年以上続く老舗市場で、すぐそばの広場にもオレンジ色
の屋根の八百屋や花屋、カフェなどが並んでいて、いつも大勢の人
で賑わっています。

　レストランをオープンしていた頃はこの市場に毎朝買い出しに
行っていました。所狭しと並ぶ新鮮なものの中から、食材を厳選す
るのですが、こういった市場は何度行っても探検のようでわくわく
します。食材の持つエネルギーを感じたり、知らない食材に出合っ
たり、どんな料理を作ろうかと考えを巡らす時間にもなります。そ

してもう一つの楽しみが、お店の人との何気ない会話です。

　毎日食材を仕入れに通っていると、お店の人たちも声をかけてくれるようになりました。
　「あら、あなたの今日の髪型いいわね」
　「キートス（ありがとう）。ここからすぐ近くのパヤという美容院で切ってるんですよ」

　初めて声をかけられた時は一瞬とまどいましたが、こういった会話は心を和ませてくれます。

　また、季節の変わり目も、食材が知らせてくれます。たとえば、カンタレッリやヘルックタッティという呪文のような名前のきのこが店に並べば、真夏から夏の終わりに向かっていることがわかり、スッピロバフベロというきのこを見ると、秋の到来を感じます。
　同時に、「あー、もうカンタレッリが出てきたんだな。あの森に行ったら採れるかな」と、森の中の様子を想像します。カンタレッリは日本名アンズタケという黄色いきのこで、フィンランドの晩夏の味覚の代表です。

　魚屋に行けば、ずらりと新鮮な魚が並びます。メインはフィンランド産の魚とノルウェーサーモン。アイスランド産やギリシャ産の魚を見かける時もあります。グラービという砂糖と塩を当てて調理されたものや、燻製も手に入ります。
　「今日はクハならこれかこれだよ」と魚屋のおじさんがポンポンと目の前におすすめの魚を置いてくれます。

「めったに出回らないラスバカラというのがあるけど、どうする？」

自宅で調理して食べてみたところ、妙に脂分が多くぐちゃっとした食感で、お世辞にもおいしいとは言えませんでした。一度ヤツメウナギの燻製を食べたことがあるのですが、独特のくせのある匂いが強く、飲み込むのに苦労しました。ラスバカラはそれと同じぐらい私の口には合いませんでした。

市場に流通しない魚は、さばいて食べてみるとその理由がわかります。手間がかかりすぎたり、おいしくなかったりするせいです。

時々、見たことがない食材を、自分の知識欲のために購入します。魚屋のおじさんは、売れない魚も仕入れる茶目っ気があって、私が知らないであろう魚が手に入れば取っておいてくれます。魚をさばくナイフを譲ってくれたこともありました。そのナイフは今でも大切にしています。

次は肉屋に向かいます。肉屋では、主に牛肉、豚肉、鶏肉、羊肉を基本にいろいろな部位が売られています。

　肉屋のおじさんとは以前はあいさつをするぐらいでしたが、顔なじみになると、「今日の新聞に君のレストランのことが出ていたのを見たよ。これからもっとお店が忙しくなるね」とか、「羊丸々1頭、さばいてみたいって言ってたよね？　だったらいつでもうちでやればいいよ」と、かけてくれる言葉も変わってきました。

　フィンランドでは赤身のほうが価値が高く、霜降りのサシが入っていないほうが高価です。それでも、少し脂が入っていたほうが肉のねっとり感や食感のよさを感じるので、自分の目で見て、その日の料理に合う肉を吟味します。

　こうして毎日通っていると、市場の人と顔なじみになり、買い物がしやすくなります。

　2018年から行われていたハカニエミ市場の全面改修工事が終了し、2023年4月にリニューアルオープンしました。それ以前にも一部改修は時々行われていて、古株のお店もあれば新しく入ってきたお店もあります。市場全体が生きているかのような歴史には、「破壊と再生」といったパワーさえ感じます。

　ここには地元の人が長年通っていて情緒があるし、活気もあります。市場にはいつもたくさんの人がいて、食卓の料理もこうして人の手から手に渡り、大切に扱われた食材からできているのです。

✿ サステナブルな食と環境 ✿

　私は首都のヘルシンキに住んでいますが、フィンランドは首都で
あっても自然が生活のすぐそばにあり、自然を守り、大切にする意
識を持った人が多いと感じます。しかし、そんなフィンランドでも
環境バランスが崩れ始めていると感じる現場を目撃しました。

　初冬のある日、取れた魚のよい利用方法はないか、どういった料
理ができるかという相談を受け、ヘルシンキから車で1時間ほどの
ところにある湖での漁に同行しました。
　漁は250メートル近くある網を、2艘のボートで互いに半円ずつ
描くように回り、同じ到達点に来たら、同じ力でゆっくりと網を

引っ張っていく方法で行われます。そして魚が集結したところを手
網ですくって、かごに入れていきます。網は機械で引っ張りますが、
魚をかごに入れる作業は手網を使うのでかなりの力仕事です。

　ここでの収穫目的の魚はサラッカ、ラハナ、サルキです。その他
にも、ハウキやアハヴェンも取れました。これらはすべて食べられ
る魚ですが、ハウキとアハヴェンはそのまま湖に逃がします。なぜ
なら湖の中で増えすぎた小魚（サラッカ、ラハナ、サルキ）を食べて
くれるからです。実はそれがこの漁の目的だったのです。

　湖のまわりにはたくさんの人工林があります。植林自体はいいの
ですが、植林をした際に敷かれた栄養土の栄養が長い年月をかけ
て、湖に流れ出てしまうのです。その結果、プランクトンが増えて
小魚が大量発生しました。簡単に言えば、小魚が育つエサが増えす
ぎてしまったのです。

　大量発生した小魚は放っておくと増え続け、湖いっぱいになりま

す。それらはやがて死骸となり、湖の底に沈み、水質汚染につながります。それを防ぐために、漁が行なわれているのです。

　このような自然環境の中で育った魚は天然といえるでしょうか。人工的に調整された栄養土から出たプランクトンを食べて育った魚はオーガニックと呼べるのでしょうか。
　木を育てるために撒いたはずの栄養土が環境汚染につながる。食べるためではなく湖の水質を保つために魚を取る。何ともどうしようもない、何かが犠牲になる仕組みは、現代社会そのものだなと感じました。

　このような水質汚染を防ぐために取った魚はロスキカラ（roski kala）と呼ばれるそうです。ゴミ魚という意味です。これらは食材として市場に出ることはなく、エネルギーやペットフードに変えられます。

　この日取れたすべての種
類の魚を持ち帰り、調理し
て食べました。サラッカは、
初めて見た魚でしたが、形
状はムイック（p.58）とい
う小魚に比較的似ていま
す。

　ムイックは身が淡白で、焼き物にするのがよく合います。サラッ
カも同じように、丁寧に下処理をして、ライ麦をつけて焼いて食べ
ました。ムイックよりも骨が若干太く、食べている時に口の中に当
たる感じはありましたが、湖の魚特有のくせもなく、おいしく食べ
ることができました。

　人間は自然の前では無力です。地球は温暖化が進み、異常気象か
ら災害も増えています。元々取れる魚の量が限られているフィンラ
ンドですが、将来さらに取れなくなるような事態が発生しないとも
限りません。水質を守るための漁で取れた魚も貴重なタンパク源と
なる可能性があります。これらの魚のように無駄にされている資源
を見つけて、有効活用するアイデアは重要視されるべきだと思って
います。

　今回の漁に同行して、湖の環境を必死に守る人たちと出会い、環
境が崩れる理由を、身を持って知ることができました。
　食と環境は密接につながっています。飽食の時代だからこそ、こ
ういった普段は見えない部分にも目を向けながら、今後も食と向き
合っていきたいと思います。

❧ 音楽の世界 ❧

　家にいる時にはいつも音楽を流しているという人がいますが、私も妻も仕事や考え事をする時には、音のない状態のほうが集中できるタイプです。

　大通りや地下鉄の駅のあちこちでバイオリン、フルートやどこかの国の伝統楽器のストリートミュージシャンを見かけるヨーロッパの大都市に比べると、ヘルシンキはどちらかというと静かな街だと思います。以前は中心部でアコーディオン弾きのおじさんや地元の人には顔なじみの木琴奏者がいたように思うのですが、何かルールが変わったのか、最近ではあまり見かけなくなりました。

　フィンランド人があまり音楽を聴かないのかというとそんなはず
はなく、フィンランドの代表的作曲家であるシベリウスをはじめと
したクラシック愛好家は多いですし、実はヘヴィメタル大国である
のも有名な話です。

　家族で仲よくさせてもらっている友人に、やすこさんとミッコ
ペッカさんというご夫婦がいます。2人ともファゴット奏者で、や
すこさんはヘルシンキにある国立オペラ劇場で演奏、ミッコペッカ
さんはヘルシンキのオーケストラに所属しています。
　ヘルシンキの日本人コミュニティーは小さいため、日本料理のレ
ストランをやっていると、こうやってプロの演奏家と知り合う機会
も少なくありません。
　2人とも食べることが大好きで、おいしい料理で心も体も癒やさ
れるそうです。やすこさんは私のレストランの元常連さん。レスト
ランをいったん閉めようと決めた時、「私はこれからどうやって生
きていけばいいの」と、言ってくれました。

冗談だったのかその真意はわかりませんが、私は今でもその言葉が忘れられません。そして、和食のほっとする味は、日本人の精神的な支えになることを海外に住んで改めて実感しました。

　やすこさんとミッコペッカさんが出演する時には、2人が奏でる音楽を聴きにいきます。本場ヨーロッパの伝統あるコンサートホールに行くのはなかなか気が張るものですが、今では気後れせずに一人で行くことができます。それは、20代のヨーロッパ旅行でパリやウィーンのオペラハウスに飛び込んだ経験のおかげです。

　プロの音楽家は小さな頃から練習を積み重ね、音楽に人生の大半を捧げてきた人たちばかりだと思います。やすこさんは「演奏中は最初から最後まで拍子をずっと数えている。それが狂ったら楽譜の中で今どこなのかわからなくなってしまう」と言いました。

　練習に練習を重ね、研ぎ澄まされた集中力を数時間もキープしなければならない世界。料理に似ているとも思うし、少し違うとも思います。

　ヘルシンキ中央駅の近くにヘルシンキミュージックセンターというコンサートホールがあります。2011年にオープンした施設で、一面ガラス張りの外観も光あふれるエントランスホールも圧巻です。

　クラシックだけでなく、子どもが楽しめる音楽イベントなどに、家族や友人とともに気軽に行けるのが魅力です。というのも、チケットの上限価格が決められているのです。誰もが自由に演奏を楽しめるように門戸を開いている、フィンランドの平等精神がここにもあるのかもしれません。

　「聴く側にその世界に入り込んで浸ってもらうことができたら演奏家冥利に尽きます」と、やすこさんはよく口にします。

　やすこさんが演奏し、作り上げる「その世界」と私が感じ取る「音楽の世界」やそのイメージは恐らく同じものではないでしょう。それでも私は音楽を聴くことによって、思考が鮮明になり、料理を作る時や新しい陶芸作品に取り組む時に、いいひらめきが降ってくることがあります。

　日常生活の中で、時折自分の知らない世界に触れる機会を作るように意識しています。ふと思い立てば、すぐに世界水準のオーケストラの音楽を聴きに行くことができる。その舞台に立つ人と友人として語り合うこともできる。ヘルシンキは市民にそうしたかけがえのない贅沢な時間を提供してくれる街です。

❧ きのこが呼んでくる ❧

　10月の終わり頃、ヘルシンキ中央駅からは電車とバスで1時間ほどの場所にある、ヌークシオ国立公園へスッピロバフベロというきのこを採りに出かけました。

　私がまだ学生で日本にいた頃、友人のタツヤがフィンランド留学をしていました。帰国したタツヤが留学生活についていろいろ話してくれた中でこんなことを言っていました。

　「真冬にヌークシオに行ったら、帰りのバスが全然来なくて、寒さで本当に死ぬと思った。」

　それがここか、と、壮大な自然を感じつつ、きのこ採りを開始しました。
　きのこを採るためには誰も行っていない場所に行かなくてはいけません。慣れない森でそんなことをするのは危険ですが、きのこを採るにはその方法しかありません。もう木の葉っぱは散っていて、地面の落ち葉は黄色と茶色で湿っていました。きのこも黄色と茶色なので、落ち葉と同化していて全然見つかりません。

　そのまま場所を変えながら進んでいくと、ふいに森の奥から一人のフィンランド人が現れました。ビビッドな紫のジャケットと長靴、白髪の長い髪を結んでいて、両手にはスッピロバフベロでいっぱいのバケツ二つ。どこか普通の人とは違う雰囲気を醸し出している女性でした。どこを見てもきのこの影も見当たらないのにすごいなと思い、どうしてそんなに採れたのかを思い切って聞いてみました。

　すると「森に入ればきのこがいっぱいあって、きのこのほうから呼んでくる。きのこ採りをやっていれば、3年後にはその声が聞こえ、5年後にはいっぱい採れる」と言うのです。
　きのこが呼ぶって!? 私は普段スピリチュアルなことはあまり信じていないのですが、目の前の少し変わった女性が、大量のきのこを一人で採ったという事実は変わりません。そして、それはこの森にたくさんのきのこがあるという証拠であり、希望でした。

　その女性が現われた方向へ進み1時間ほど歩いて探したのですが、簡単に見つかると思ったきのこはなかなか見つかりません。どうしたものかと考えていたところ、紫ジャケットの女性の言葉を思

い出しました。そして、"きのこが呼んでいるかどうか"耳を澄ませてみることにしたのです。

　すると、突然、きのこの群れが出てきたのです。「出てきた」という言葉がぴったりなくらいすっと目に入ってきました。それも怖いくらいに。

　本当にきのこに呼ばれた！　大量のきのこを発見した時の喜びは想像よりもずっと大きいものでした。

　その後、時間がたつのも忘れてきのこ採りに夢中になっていたのですが、ふと気づくと人の歩く道が見えない辺りまで入っていました。それ以上奥へ進めば迷ってしまうかもしれないか、ギリギリのところまで来ていました。

　途中で出会った女性ほどではありませんでしたが、バケツの3分の1は採れました。

　私の中で、もっと採りたいという欲望と、必要な量はもう採れた

という冷静さがせめぎ合ったのですが、これで十分だ、そう思って、引き返すことにしました。

　来た道を戻る途中にもきのこはあるはずなのに、帰ると決めてからは全然見つけられません。もうきのこの声が私に届かなくなったのでしょうか。

　あと少しで暗くなる帰り道、バス停までたどり着くとたくさんの人がいて、それだけで安心しました。時間通りに来たバスに乗り、無事帰宅。きのこの声を聞いた、それはそれは不思議な1日でした。

フィンランドメモ

森はみんなのもの！ 自然享受権

「自然享受権」は北欧諸国で認められている権利で、私有地、国有地にかかわらず一定のルールの下で誰もが自然を楽しむことができます。フィンランドでは外国人旅行者も、自由に森の中に入り、きのこやベリーを取ってOK。ただし、権利は責任を伴うもの。自然を大切にすることは言うまでもありません。

友達がたくさんいるから
―フィンランドの小学校―

　長男はヘルシンキにある地元の公立小学校に通っています。新し
い教育システムを積極的に取り入れる小学校で、運のいいことに校
舎の立て替えが完了したタイミングで入学となり、長男は真新しい
建物の学校に通うことになりました。クラスメイトのほとんどが
フィンランド人で外国人の子どもは数えるほどですが、幼稚園も
フィンランド人の友達とともに過ごした長男はまったく不安もなく
毎日楽しく勉強しているようです。

　私が通った兵庫県の小学校は、確か2年ごとにクラス替えがあっ
て、担任の先生は毎年変わったように覚えています。長男の小学校

は1クラス22人で、一学年3クラス。6年間同じ先生で、同じクラスメイトということでした。さらに教室という概念を取っ払い、必要に応じてクラスの間の壁をなくすことができる設計になっています。やってみてうまくいかなければ壁を作って、本来の教室のスタイルに戻すこともできます。

　最初に先生と生徒と保護者でこの1年間どうなりたいか、どうしてほしいかの希望を伝え、目標を立てます。1年の終わりには最初に決めた目標の到達点をレポートにまとめてしっかりと評価してくれます。一人一人にできる限り寄り添おうとしているのは、幼稚園の頃から同じで、フィンランドの教育の特長の一つだと感じます。

　さらに、クラスが二つのグループに分かれます。最初のグループは朝8時15分から授業が始まります。45分の授業を受けて9時になると、もう一つのグループの児童も登校して合流します。帰りは朝早いグループが先に下校し、9時に来たグループが最後の授業を受けます。この理由を担任のマリに聞くと、「生徒数を少なくすることで、生徒一人一人とコミュニケーションが取れ、しっかり教えることができる」とのことでした。

　どの小学校もこのシステムを採用しているかどうかはわかりませんが、生徒と心と心を通わせた信頼関係を築くにはとてもよい方法だと思いました。

　マリは教師経験が長く、穏やかで、話もしっかりと聞いてくれて、外国人の私たちにもフラットな意識で寄り添ってくれます。

　フィンランドの学校ではITの利用もかなり積極的で早く、Wilmaというアプリからいつでも質問することができ、このアプリで時間

割や行事、宿題、テストの成績、先生からのお知らせなどを受け取ることもできます。

　学校でのランチタイムは早く、10時15分。大きな食堂があります。ビュッフェ式で栄養管理された給食が出され、毎日変わる献立の中から自分で好きなものを取って食べ、食べ終わったら食器も所定の場所へ自分で戻します。子どもたちはこうしてレストランや公共の場でのマナーを身につけていきます。

　授業が終わるのは13時。そこからは16時までケルホといういわゆる学童クラブが1、2年生の間だけあります。ほとんどの生徒はこのケルホを利用していて、ここでは子どもたちのやりたいことが自由にできる環境が整えられています。子どもが家に早く帰りたい場合は、保護者に確認が必ず入るようになっていて、保護者と学校がしっかり連携しています。

　1年生が終わる頃、長男に学校生活で何が大変だったか聞いてみたところ、「友達がたくさんいるから大変なことないよ」という返事が。そして学校へ行って一番よかったことは何かと聞くと、うれしそうに、「ラッセという親友ができたこと」と言ったのです。

　お互いに支え合える親友の作り方は、人生で学ぶべき最も大事なことの一つです。長男の成長を妻と喜びました。必要な時は一人でいてもいい。けれども自分を支える友達がいることを忘れないでほしいと思います。

🌿 クリスマスは冬の希望 🌿

　クリスマスはフィンランドに住む人にとってなくてはならない年間行事の一つです。12月に入ると、ヘルシンキの街はクリスマスに向けて賑やかになり、街中がきらきらと輝きます。

　ストックマンという老舗デパートのクリスマスウィンドウを毎年楽しみにしています。雪に埋もれた幻想的なクリスマスの光景が手の込んだ装飾で表現されて、寒さも忘れ、つい足を止めて見とれてしまいます。

　ヘルシンキ大聖堂の前の広場をはじめ、あちこちでクリスマスマーケットが開かれ、人々はグロギ（ホットワイン）で体を温めながら、クリスマスソングが流れる通りを歩きます。

広場や住宅街の一角では本物の大きなモミの木が売られ、各家庭でクリスマスツリーを飾ります。

　子どもの友達の家では、天井ほどの高さがあるクリスマスツリーがきれいに装飾され、あまりの大きさにびっくりしました。このツリーは2階の部屋に飾られていたのですが、「クリスマスが終わったら2階のこの窓からこれを放り捨てるのよ」、こんな言葉で笑わせてくれたりもしました。

　日本では、25日を過ぎるとお正月一色に変わりますが、フィンランドのクリスマスツリーは1月6日のロッピアイネン（公現祭）という日まで楽しんだ後で、片付けられます。

　12月の24日、25日は家族と一緒に過ごすため、友人たちとはそれまでにピックヨウル（pikkujoulu）という、いわゆる忘年会を開

きます。そして普段無駄な出費を避けるフィンランド人も12月は購買欲がマックスに達し、デパートや商店、レストランも大賑わいです。

　食べ物はというと、フィンランドではクリスマス料理としてヨウルキンクという巨大なハムやロソッリという野菜の角切り、ヨウルラーティッコという野菜をすりつぶしたオーブン焼きを食べる習慣があります。それらの食材を集めるために、どこの市場もごった返します。

　子どもたちは気に入ったアドベントカレンダーを買ってもらいます。一日一日それぞれに小さなプレゼント（チョコレートやグミ、おもちゃ）が入っていて、毎日一つずつ開けていきながら、サンタが家に来るのを待ちわびます。

　どういうシステムになっているのか確かめたことはないのですが、フィンランドでは依頼すればサンタクロースが、24日または25日に家にプレゼントを届けてくれるようになっています。近所のスーパーの掲示板にサンタクロースをする人が自分の連絡先のメモを貼り、それを見て連絡するのかもしれません。日本でケーキを売っている若いアルバイトのサンタとは違って、恰幅のいい「サンタのおじさん」にふさわしい年代の人がやってきます。

　家のチャイムが鳴り、サンタクロースが入ってくるだけでみんな大喜びですが、プレゼントを渡してもらうと、子どもたちのテンションも最高に。

　8歳の長男は、3歳の時に友達の家で一度だけサンタからプレゼントをもらいました。今もその記憶が残っているくらい、サンタに会えたことが衝撃的な喜びだったようです。

その長男が4歳のクリスマスの日。この日を忘れられない日にしたいと、家からヘルシンキ大聖堂まで家族で歩くことを思いつきました。大聖堂までは9キロの道のり、大人でも大変な距離です。朝家を出て、ゆっくりおしゃべりしながら歩き、途中のモールでお昼ご飯を食べました。それからまた休み休み歩きます。途中、友人や知り合いにも会い、「ヒュヴァーヨウルア（メリークリスマス）」と声をかけ、偶然の出会いも楽しみました。そして夕方にとうとうヘルシンキ大聖堂に到着。頑張って最後まで歩きました。

　帰りは電車とバスを使いました。バスを待っていると、どこかの家にプレゼントを届けに行く、お仕事中のサンタクロースが道を通り過ぎるのが見えました。一瞬の出来事でした。

「サンタがプレゼントを配っている最中だわ。」
「え、じゃあうちにも来るかもしれないね！」
と長男はうれしそうに言っていました。

　12月に入り、よりずっしり暗さが増してくる季節。この季節を何とかして明るく暮らしたい、子どもたちを喜ばせたい、この気持ちがフィンランドのクリスマス文化を長い伝統とともに作ってきたように感じます。

　そんな人々の想いのたくさん詰まったクリスマス、サンタクロースの存在を信じる子どもたちと、子どもたちを楽しませるために頑張った大人たちは、お互いに目いっぱい楽しみます。

　サンタクロースの存在を信じていない人は、ぜひフィンランドのロヴァニエミにあるサンタクロース村を訪れてみてください。サン

ロヴァニエミ。
世界中から届いた
サンタクロースへの手紙。

タクロースはいます。

　以前、オーロラを見るためにロヴァニエミを訪れた時、サンタク
ロース村でサンタクロースと話す機会がありました。

「どこから会いにきてくれたんだい？」
「日本からです。」
「そうかい、日本から。わしはお好み焼きが大好きなんだよ。」

　こういった会話もいろいろな世界を知っているからできることで
しょう。物知りでないと、サンタクロースにはなれないのかもしれ
ません。
　サンタクロースに会ってサンタクロースの世界を知る。おとぎ話
のような、本当の話。
　今年のクリスマスもサンタクロースは無数の夢とうれしくて待ち
きれない気持ちを世界中に与えてくれるでしょう。

ピパリカックとグロギ
Piparikakku & Glögi
クリスマスのお菓子と飲み物

Ainekset

材料

ピパリカック（ジンジャークッキー）

薄力粉	250g
卵	1個
重曹	小さじ2
生クリーム	50㎖
砂糖	60g
シロップ	100㎖
バター	130g
シナモンパウダー	小さじ1
ジンジャーパウダー	小さじ1
カルダモンパウダー	小さじ1
オレンジの皮パウダー	小さじ1
クローブパウダー	小さじ1

グロギ（ホットワイン）

グレープジュース	750㎖
赤ワイン	250㎖
砂糖	100g
シナモンスティック	小2本
スターアニス（八角）	4つ
バニラビーンズ	1本
クローブ（あれば）	8-10粒
アーモンドスライス	適量
レーズン	適量

作り方

ピパリカック（ジンジャークッキー）

1 鍋に砂糖とシロップを入れて加熱します。
砂糖が溶けたら、シナモン、ジンジャー、カルダモンのパウダーを加えます。
（手に入ればオレンジの皮パウダー、クローブパウダーも入れます。）

2 バターを細かく切って、別の容器に入れ、熱くなった**1**をかけて溶かします。

3 ボールに薄力粉と重曹を入れ、生クリームを加えて混ぜ合わせます。

4 **3**に卵と冷ました**2**を入れてこね、
ラップに包んで冷蔵庫で一晩寝かせます。

5 生地を平らに伸ばして、クッキー型で抜き、
オーブン180〜200℃で7、8分焼けばでき上がりです。

グロギ（ホットワイン）

1 鍋にグレープジュース（お好みでカシスジュース、
ブルーベリージュースでもOK）と砂糖を入れ、火にかけます。

2 **1**にシナモンスティック、スターアニス、バニラビーンズ、あればクローブを
8〜10粒入れ、10〜15分熱して、スパイスの味を引き出します。

3 赤ワインを入れて温めます。
ワインを入れた後は沸騰させないことが重要です。

4 シナモンスティック、スターアニス、バニラビーンズ、クローブを取り出します。

5 カップにお好みの量のアーモンドスライスとレーズンを入れ、
温かいグロギを注ぎ入れます。

ピカリカックとグロギについて

クリスマスのお菓子、飲み物として代表的なフィンランドのジンジャークッキーとホットワインです。どちらもスパイスが効いていて、寒い冬に体を温めてくれます。

グロギの生地は冷蔵庫で保存しておけるので、食べたいときに食べたい分だけ切り分けて焼くと、焼きたてのクッキーが楽しめます。クリスマスツリーやサンタクロースの形をした型抜きを使うとクリスマス気分が高まるでしょう。

グロギはグレープやカシスなど色の濃いジュースがよく使われます。ガラス製のカップに入れるとその色を楽しむこともできますね。

フィンランドと私

❧ 人間らしい暮らし ❧

　人間らしい暮らしとはどんなものなのか、人は本来どのように過ごすのが幸せなのか、最近よく考えるようになりました。

　私はすでに人生の3分の1以上をフィンランドで過ごしています。8歳と5歳の息子たちに自分の知っていることを教えたり、何か心にとまるようなものがないか探しに出かけたり、知り合いと会ったり、チームスポーツをしたり、買い物に行って今晩どんな料理を作るか考えたり……ゆったりとした時の流れの中で、家族や友人との時間を大切に過ごせることは本当に幸せなことだと思います。

　夏には家族でフィンランドの各地をキャンプしながら巡ったり、冬は雪遊びを楽しんだり。一緒になってはしゃいだり、遊んだりする中で子どもたちの成長を感じるのも幸せな時間です。

　そして、一見平凡で同じようなこれらの時間が実は特別で、一人ですればありふれたことも、家族と一緒なら最高の経験になります。

　フィンランドに来た当初はこうなるなんて、1ミリも想像していませんでしたが、現在では、人生の半分以上をフィンランドで暮らすのではないかと思っています。

　私はこちらに来るまで日本で過ごし、仕事も日本でしていました。常に競争の中で育ち、競争することで能力を伸ばしてきた面はありますが、フィンランドという国に来てから、そんなに毎日競争

しなくてもいいのではないかと思うようになりました。フィンランドの職場で誰かと競争したことはほとんどありません。

　物が豊かにある中で、食料や衣類を誰かと取り合う必要はありませんし、手に入れたものを誰かに見せびらかす必要もありません。誰かに勝つとか負けるという意識を持つこともないので、焦りや不安もあまりありません。自分がいいと思うこと、やりたいことを率直に突き詰めていく。このスタイルが、自分には合っていると気づきました。

　そして、今になって初めてものすごくシンプルで至って普通の生活をしていると感じています。

　ただ、競争することは悪いことばかりではありません。私もそうでしたが、人は競争することで得られる能力や喜びもありますし、気合いや根性も、何かを突き詰めたりやり切ったりする時に重要な要素になります。

　競争することもある意味人間らしさではあります。そこに固執しなければ、いろいろな人と知り合って、暮らしを豊かにする方法の一つになることは確かです。

　こういったことは、「何もしないことをする」ことによって、考えられるようになりました。

　明日死ぬとしたら何をするかを考えて毎日を生きよと言う人がいます。もう少し視野を広げてみて自然が自分に与えてくれている恩恵を考えれば、たとえば、将来暮らしていく環境のために木を植えて育てることの大事さもわかるはずです。そしてその木からも必ず新しい発見があり、生活や考え方に豊かさをもたらしてくれます。

　人間らしい暮らし。人それぞれ違うのは当たり前ですが、本質的な人間らしい暮らしとはどんなものか、一度考えてその暮らしに自分の身を置いてみることで、ふと気づくこともあるでしょう。何か一つでも人と比べることなく自信が持てるものや、突き詰められるものがあれば、自分本来の人間らしい暮らしをしながら、豊かに生きていけるのではないでしょうか。

❧ 朝の食卓を囲む ❧

　私が朝食の重要性に気がついたのは、結婚して家族と生活をする
ようになってからでした。

　子どもたちの小学校とパイヴァコティ（幼稚園）は、家から歩い
て10分くらいのところにあり、9時から始まります。朝はみんな7
時くらいには起き、朝食の時間を長めに取ります。ただ、5歳の次
男だけは、6時過ぎには目を覚まし、「ママ起きて！」とまだ寝てい
たい妻を起こします。

　朝はできるだけ調理をしなくていいものをと思っているので、お
いしくて、いろいろなビタミンが取れる果物を毎朝食べます。

　物価が高いフィンランドですが、それでも日本と比べると果物の値段は安いといえます。

　フィンランド国内で採れる果物も、各国からの輸入品も、その国の旬のものは味が濃くて安価なので、我が家ではさまざまな果物を食べます。

　日本と違うのは、フィンランドの果物は基本的に完熟までにまだ時間のかかる状態で売られていること。緑がかったバナナをよく見かけますし、見たことがない種類のメロンはいつが完熟なのかわからないことだってあります。

　7月は桃が旬。スペインやイタリアから輸入されます。またフィンランド産の苺も甘くておいしい季節です。小ぶりなスイカも出てきます。リンゴやバナナは常備していますが、特に8月の終わり頃にはリンゴの実が熟すので、それが毎日の食卓に上がります。

　息子たちのお気に入りは、ブラジル、ペルー、もしくはセネガルから輸入されるかたいマンゴーです。

　さまざまな国から輸入されている果物から世界の風景を想像するのは私の個人的な楽しみでもあります。

そしてフィンランドといえ
ば、乳製品。おそらくこの乳製
品がフィンランド人の頑丈な体
を作るのでしょう。

牛乳を好まない息子たちのた
めに形を変えて、ヨーグルト、
チーズ、バター、クリームなどを食事に取り入れています。

チーズは大きな塊のものを買い、専用のスライサーでスライスし
て、好きなだけ食べます。ヨーグルトには、ブルーベリーやリンゴ
ンベリーをたっぷり入れ、蜂蜜やシロップをかけると息子たちもよ
うやく食べてくれるのですが、「蜂蜜だけじゃなくて、ヨーグルトも
食べてね」と何回言っても、次男は蜂蜜から平らげます。

あとはタンパク質である卵は、卵焼き、目玉焼き、スクランブル
エッグ、ゆで卵と、その日の気分によって形を変えて食べます。お
しょうゆをちょいとたらして。

その後パンやご飯を食べることもありますし、休日は米やオーツ
麦を牛乳で炊き、お粥状にしたプーロ (p.54) を作るのも好きです。

プーロはフィンランド人の国
民食でもあります。牛乳と米の
組み合わせを嫌がる日本人も多
いですが、私と妻は時々プーロ
を食べたくなります。フィンラ
ンドに長く住んだ証しなのかも
しれません。

　子どもたちはおいしいプーロができても、いらないと言って、食べようとしません。こんなにおいしいのに、なんで食べないんだろうと思いますが、いつも答えは出ないまま朝食の時間は終わります。

　毎朝、顔を合わせ、たわいないことを話し、揃って朝食を取る。家族みんなが気持ちを伝え合い、心もおなかも満たされていく、幸せな記憶。ふりかえれば、子どもの頃同じように兵庫県の実家で家族と食卓を囲んだ記憶は、初めて海外に出た時、私に「いつでも帰れる場所がある」という心の余裕を与えてくれました。

　この大事な時間は有限で、子どもたちが成長し、巣立っていけばいつか日常ではなくなってしまいます。そういう少し遠い未来を想像すると感傷的な気持ちにもなりますが、今はまだ食べたいものを頬張る息子たちとの食事が毎朝の楽しみです。

❧ 料理人が向き合うもの ❧

　私は22歳でフィンランドに来たのですが、料理人としてこの国で生きる上で大事にしてきたことが二つあります。

　一つ目は食材を自分の目で見て、吟味することです。
　フィンランドでは森にどのような植物が自生しているのか、魚はどのような場所で取れるのか、野菜はどのような風土で育っているのか、家畜はどのような環境で育てられているのか、つまり、どのような食材があって、その食材がどのように人々に食されているか、こういったことを自分の目で確かめ、食材を扱うことを大事にしてきました。

こうすることでまず地の利を得ることができ、そしてだんだんと、知っている食材の組み合わせなら、頭の中で味を想像できるようになってきました。

その結果、料理の味をはっきりとイメージし、適切に食材を選べるようになりました。

たとえば、肉は部位ごとに食感や味、栄養素まで変わります。

フィンランドでは食用肉として一般的に牛、鶏、羊、豚、山羊、鹿、猪、鴨、鳩、兎、例外的に熊、カワウソがあります。

シカ類は、ヘラジカ、子鹿、鹿、トナカイといった種類が食べられています。そして部位に分けると、舌、頬肉、首肉、フィレ肉、サーロイン、テンダーロイン、バラ肉、尻肉、もも肉、前足肉、後ろ足肉、すね肉、尻尾肉、レバー、心臓と、実際はもう少し細分化できますが、ざっとこのくらいあります。

これらの肉を一つ一つ、焼くのがいいのか、炊くのがいいのか、蒸すのがいいのか、揚げるのがいいのか、生で食べられるのかを実際に触れ、調理し、味などを検証していきました。

魚はというと、フィンランドでは、サーモン、クハ、シーカ、ハウキ、アハヴェン、ムイック、シラッカ、これらの魚は年中食すことができます。フィンランドは湖が多いので、魚も湖に住む淡水魚が中心です。

この中で、クハという白身魚はフィンランドの海と湖の両方で生息していますが、生息地で味が異なります。

湖のクハは、泥の味というか淡水特有のくせがあり、一口食べただけでわかります。そして、冬はあまり動かないので、魚の表面がどす黒くなります。

こういった味にくせのある魚は、バターや香草などを使って、香りや味を加えることで抵抗なく食べられるようにします。

肉や魚がどういう環境で育っているか、どういう物を食べているかで肉質や味が変わってくるので、どこで取れたものかを知っておくことは欠かせません。

私の場合でいうと、肉や魚、そしてもちろん野菜も食材の選び方で料理の味の70％以上が決まります。

二つ目に大事にしてきたことは、食事をする人がどのような人なのかを徹底的に考えることです。

新しいお客さまが店

に入った瞬間から料理人はその人の服装、表情、歩き方、注文の仕方、はしや食器の扱い方、何をどれくらい食べるのか、ずっと観察しています。もちろん、その人が今何を食べたいのかは予想できませんが、常連になれば好みなどもわかるので、お客さまの情報を頭の中にインプットします。その積み重ねによって、満足してもらえる料理が作れるようになります。

　これまでフィンランド人にも日本人にもそれ以外の国の人にも、フィンランドの食材を使ってほっとしてもらえる日本料理を作ろうという思いでやってきました。レストラン閉店後もケータリングの依頼など料理の仕事は続けています。人に料理を出す時に「ほっとしてもらえる日本料理を作る」という思いは変わりません。それは、これからも続く料理人としての信念でもあります。

❧ マイノリティとして育つ息子たちへ ❧

　私には現在8歳と5歳の息子がいて、長男は地元の小学校、次男はパイヴァコティ（幼稚園）に通っています。

　幼稚園の登園は9時。登園したら外の庭園で自由に遊ぶのですが、冬場は事情が変わります。気温がマイナス15℃以上であれば、外で遊ぶことができるという決まりがあり、先生たちが毎日話し合って、今日は外で遊べるかどうかの判断をします。外で遊べる日は日本では見たことがないような防寒服を何重にも装備して、走り回ったり、雪遊びをしたりします。
　室内では、絵を描いたり、工作をしたり、レゴを作ったり、パズル

やボードゲームをしたり、色や動物の名前を覚えるゲームをしたり、体育館で体を動かしたりします。

　5歳になると、アルファベットを書く練習や迷路を解く、間違い探し、点つなぎなど、学習の要素が入ってきます。季節ごとの行事も大事にしていて、父の日や母の日にはメッセージカードを贈ってくれたりもします。

　毎日、保護者は先生からその日の報告を受け、16時に幼稚園での一日が終わります。

　先生たちは保護者としっかりコミュニケーションを取ってくれますし、面談ではこちらの要望がなくなるまで話を聞いてくれるので、安心して子どもを預けることができます。

　毎日の報告に加えて、年に何回か保護者面談があります。この時、必要があれば市から無償で日本語通訳をつけてくれます。私も妻も日常生活や自分の仕事でのコミュニケーションであればフィンラン

ド語で問題ありませんが、やはりネイティブではないのでこのシステムはありがたいものでした。同じように病院でも必要に応じて病院側が無料で通訳を手配してくれます。

ぷ ∮ ぷ ∮ ぷ

　ある夕食時に、長男がぽつりと「自分の肌の色は白く見えない」と言いました。その時長男は5歳でした。

　特にからかわれたとか、いじめられたとかいうことはなさそうでしたが、私はいつかはこのようなことを感じる日が来るのではないかと覚悟していました。来るべき時が来た、それにしても5歳は早すぎるという複雑な思いでした。

　また、子どもたちは生まれた時から2言語の生活をしています。私も妻も日本人なので家庭内では100パーセント日本語、家の外は完全にフィンランド語の世界です。長男はフィンランド語を現地の子と同じように、ほぼ完璧に話します。すでに私や妻が知らない難しい言葉を知っていて驚かされることもあります。私がフィンランド語を話すところはほとんど見たことがないので、「お父さんはフィンランド語話せるの？」と思われているようです。

　ですから、学校でも何不自由なく友達と遊んでいると思っていました。ところが、ある日先生や友達が言っているフィンランド語でわからないことはないのか、と聞いてみると、「あるよ。フィンランド人じゃないから」と言ったのです。

　フィンランドでは、息子たちは（もちろん私たちもですが）一歩家の外に出れば完全にマイノリティです。肌の色もそうですし、言

語的にも、今後成長していく中でマイノリティであり続けます。ま
わりとは違うことで、プラスになることもあれば、マイナスになる
こともあるでしょう。学習面、精神面のサポートを続けながら、親
として見守りたいと思っています。

　7年半続けたレストランをいったん閉めようと決めた時は、ずい
ぶん悩みましたが、在宅で仕事をしながら日々息子たちと接し、何
か必要としていることはないかしっかりと見守ることができている
現在の生活を考えると、あの時の選択に間違いはなかったと自信を
持って言えます。

　マイノリティとしてフィンランド社会で育つ息子たち。フィンラ
ンドも、日本も、そして世界も変わり続けています。この先10年、
20年、子どもたちが大人になる頃には、マイノリティがマイノリ
ティではない社会であってほしいと願っています。妻とともに私自
身も成長しながら、これからも息子たちの未来を支えていきたいと
思います。

❧ レストランほしと ❧

　日本で2年半、フィンランドで3年半、料理の基礎を学んだ後、2011年から2018年までの7年3カ月、ヘルシンキでRavintola Hoshito（ラヴィントラ ホシト）というレストランを営んでいました。ラヴィントラは日本語でレストランのことです。

　お店の名前は、私の名前「ほしとしあき」の名字と名前からとって、「ほしと」。フィンランドを中心とした北欧の食材を使い、老若男女すべての人が食べてほっとする日本料理を提供するというコンセプトでした。

　食材の味や特徴を熟知し、体に合ったおいしい料理を作るのはも

ちろん、フィンランドに住む人がどういう食材を好むのか、フィンランド料理はどんな味なのか、ここから離れすぎないことも重要だと考えていました。

　食材や料理の衛生面など、お客さまに安心してもらうために、調理場が見えるオープンキッチンにこだわりました。これにはもう一つ素晴らしい効果がありました。

　それは、料理を食べているお客さまの会話や表情がダイレクトに伝わってくること。

　恥ずかしがり屋が多いフィンランド人ですが、目の前で調理していると時々声をかけてくれます。

　「とってもおいしいです」

　「ここは普段の生活では感じることのできない異空間だわ」

　「この生姜プリン、バケツいっぱい食べたいわ」

　こんな短いながらも心のこもった言葉は、料理人としての幸せを感じさせてくれました。

　口コミなどで人気が出始めると、新聞やテレビ、雑誌の取材も徐々に増えていき、知名度もどんどん上がっていきました。レストランは連日満席になり、オープンしてから3年半で、ヘルシンキの中心部に座席数を増やして移転することになりました。

　レストランをオープンした頃は単品メニューでしたが、食材のロスが気になったので、ロスが一番少ない月替わりのお任せコースを基本にし、お刺身、スープ、茶碗蒸し、肉ジャガ、焼き物、煮物、天ぷらなど、毎月旬の素材を使った料理を提供しました。

　フィンランド料理と日本料理とでは火の入れ方、食材の切り方、扱い方それに食べ方まで、いろいろなことが違います。外国人スタッフの料理人に同じ味を再現してもらうのが、困難を極めました。

　コース料理にしてからも、1品だけ変えずにずっと出し続けた料

理があります。それが魚の煮物です。

　私がシェフとしてとても尊敬しているヨウニが「身がふわふわしていて、とってもおいしい」と言ってくれました。ヨウニはフィンランド料理のレストランとして有名だった「Luomo」のオーナーシェフで、私も短期間ですが修行先としてお世話になりました。そのヨウニが、フィンランド料理にはない魚の身の食感と食材の使い方に気づいてこの言葉をかけてくれたことはとてもうれしかったです。

　外国でのレストラン経営は、想像外のこともたくさん起こります。私にとっては、特にフィンランド人、外国人スタッフへ接し方、管理が難しかったです。日本人なら和食の味がしっかりと舌に記憶されています。彼らにはそれがありません。プロの料理人ですから、説明すればその通りに料理できます。しかし、和食の砂糖としょうゆを使った基本的な味も、刺身の切り方も「何かが違う」のです。納得できる料理を作ってもらえるまで本当に苦労しました。

　今考えてみると、当時は知らなかったことが原因で起こったことも多かったように思います。ただ、知識があることで考えすぎて動けなくなることも多いので、あの頃は知らなかったからこそ、目標に向かって突き進んでいけたような気もします。

　「ほしと」の料理を食べてくれた方々の表情やかけてもらった言葉は、レストランを閉めた今でも私の心に残っていて、料理を作る時の力や自信となっています。

　失敗も行き届かなかった部分も数え切れないくらいありましたが、関わってくれたすべての人に、今も心から感謝しています。

❧ 暗い日々をどう過ごすか ❧

　秋が終わったフィンランドは、16時には外が真っ暗になり、朝は8時過ぎまで暗いため、特にまだ雪も降らない11月は街自体が灰色に見えてきます。雪が降ったほうが雪の白色に反射して辺りが明るくなるのです。

　そして、曇り空が続くと、どこかに閉じ込められているような閉塞感が増してきて、これが何週間も続くと、自分の気持ちも天候とまったく同じように暗くなります。

　初めてフィンランドに来た時は、天候で気分が変わるなんて思ってもいませんでした。フィンランドで冬を過ごすのは16回目ですが、いまだにこの気候に慣れるという感覚をつかめないでいます。

　寒い冬にはどこかで眠っている熊たちの"冬眠"という習性を自分も得ることができたらなと、ふとうらやんでしまうほどです。

　また、庭の芝生は10月から11月ごろには茶色く枯れてしまいます。日光が当たらないので成長が止まるからです。これを見ていると人間も同じで太陽の光を浴びることで、細胞が生まれたり、活性化したりする気がします。

　夏の晴れ渡った空の下では開放感に満ちて、何でもできるような感覚になり、ものすごくポジティブになれる反面、冬は外へ出かけたり、アウトドアがしにくくなる分、内にこもる時間が長くなります。私は寒さよりも長く続く暗さに閉塞感を持ち、ネガティブな感情になることも少なくありません。

暗くて寒くても、子どもたちは元気よく毎日幼稚園や学校に行きます。健康に冬を乗り越えるために、冬の食事にはいつも以上に気を使っています。バランスよくタンパク質、ビタミン、脂質も少し、子どもたちは炭水化物もしっかり必要です。

　庭には雪が積もっているので雪だるまやかまくらを作って、子どもたちと遊ぶこともあります。フィンランド生まれの子どもたちはもしかすると冬をそれほど暗い季節だと思っていないのかもしれません。

　本格的にネガティブな感情に浸ってしまうと、日常生活に支障が出ますが、家族がいて息子たちの世話をする必要もあるので、部屋に一人閉じこもっているわけにはいきません。それに、適度なレベルであれば、内にこもることは悪いことではないと考えています。

なぜならそれは「自分の内面との対話」の時間だからです。自分が何をしたいのか、どんなことを叶えたいのかを考える時間を自然に持てるのがこの季節です。

　私は自分の考えを文章に書くのも好きです。記憶をたどったり、想像力を働かせたりしながら、自分の感情と向き合う時間は有意義なもので、自分自身との対話の一つだと思います。しかし、仕事として書いているわけではなく、自分のためだけに書き留めているものなので、忙しい時やキャンプやバーベキューのような楽しみがある時期にはなかなかそんな時間を取ることができません。フィンランドの冬にこそふさわしい過ごし方ではないでしょうか。

　今までの人生で忘れがちだったり、見過ごしたりしてきたことをふりかえって、自分の内面と向き合うことができる、そう考えるとフィンランドの冬はなかなか贅沢な時間なのかもしれないと思えます。

　年を取っていくにつれて、まわりの状況や自分の感受性も変わっていきます。それらを自分なりにいい変化と捉えられるように、この冬もフィンランドの暗闇の中で考えたいと思います。

フィンランドメモ

白夜と極夜

フィンランドと聞いてイメージする言葉の一つに「白夜（ユオトンユオ）」があります。北部のラップランドは北極圏に位置し、6－7月は太陽がまったく沈みません。逆に冬至の頃は太陽の光がまったく見られない「極夜（カーモス）」。2カ月間の昼と2カ月間の夜、生活リズムを保つのが難しいかもしれません。

これからの自分を作る
―陶器制作―

　私が陶器に興味を持ったのは、2008年。フィンランドに来た頃に、マリメッコ Marimekko のデザイナーでもあり、アラビア Arabia に属して陶芸家としても有名な石本藤雄氏の作品を見た時からです。

　アラビア Arabia の工場の1階に展示されていた色とりどりの陶器のお碗の中でも、フィンランドのアートやデザインの特色を放ちつつ、日本らしさがにじみ出ている、水色のお碗に一瞬で心を奪われました。

　思い切って石本さんに直接連絡してみると、工房を見せてもらえることになり、そこから交流が始まりました。ヘルシンキでレスト

ランを始めると、石本さんは頻繁に訪れてくれました。しいたけの
クリームスープを作った時、「色がきれいだね」とスープの色をほめ
てくれました。スープを出して、その色をほめられると思っていな
かったので、ありがとうございますと答えたものの内心とても驚き
ました。普段から色や形の世界に生きている人なんだなと、その感
性と鋭い色彩感覚にはっとする思いでした。後にも先にも、しいた
けのスープの色に言及したのは石本さんだけでした。

　私が最初に陶器を作ったのは2016年です。レストランの仕事の
合間に週1回、ヘルシンキの陶芸クラスで最初は手びねりからス
タートしました。

　2018年、7年続けたレストランを売却し、時間ができました。新
たなことに挑戦しようと思っていましたが、そのうちにコロナウイ
ルスが蔓延。世の中が閉鎖的になっていく中で、私の心も閉鎖的に
なっていきました。
　そんな時にふっと子どもの頃、図画工作がとても好きだったこと
を思い出しました。紙や木を使って人や動物の形を作っていくこと
に幼い私は夢中になっていました。そして今、私の前には陶器があ
りました。
　石本さんの作品は石本さんの「すべて」から作られています。ま
わりにいる人、生活、フィンランドの自然、これまでにやってきた
こと、見てきたもの、日々考えていること……それらが作るものに
影響を与え、作品ににじみ出ているのです。
　粘土はどんな形にも変形し、たくさんの色をのせることができ、
質感や触り心地、重さだって表現できます。自分と向き合ってこれ

からのことを考えた結果、何か
を、自由な発想で作りたいと
思ったのです。これからの自分
を作るためです。石本さんとの
出会いと自分がやりたいことが
重なって、本格的に陶芸に向き
合うことにしました。

　作り始めると、納得のいかないものばかりがたくさんできました。それでも繰り返し作り、少なからず納得のいくものができた時、妻は「これを100個作ったらいいんだよ」、と励ましてくれました。しかし、相変わらずわけのわからないものがたくさん生まれます。

納得のいくものはその中でほんの少し。100個作ることは容易なことではありません。

　すぐに思考も手も止まります。それでもなぜかまた動き出し、作り出す……。

フィンランドに半世紀住んだ石本さんに、「これまで日本に帰ろうと思ったことはなかったんですか？」と聞いたことがあります。石本さんは、「あったよ。でも、ここが理想だったから」と答えてくれました。

　フィンランドはもの作りをするのに理想的な環境です。自然が豊かで、どこでもインスピレーションを得ることができ、冬は自分と向き合う時間もたくさんあります。

　さらに作った陶器は1000年、2000年と、半永久的に残るという点も魅力の一つです。

　2018年に展示会に出品したのを始めとして、少しずつ注文を受けて作ったり、知り合いのレストランに食器を卸したりするようになりました。うまくいかない時には、石本さんのいくつになっても消えない挑戦心やたくさんの人がかけてくれた言葉を思い出します。これが今の私の陶器作りを支えているのです。これからも自分の心に沿うものの創作に励んでいきたいと思います。

❧ 白夜を抜けて地の果てへ ❧

　フィンランド国内にはたくさんのキャンプ場があり、夏になると車にテントを積んでキャンプに出かける人が多くいます。数年前の夏、私も家族と一緒に列車と車でフィンランドの北部ラッピ地方に出かけました。車での走行距離はなんと合計1200キロ！　かなりハードな旅でした。

　フィンランド全土を網羅している鉄道（VR）は、列車に車を乗せて運ぶことができます。まず、ヘルシンキの自宅から車でパシラ駅まで行き、そこからVRに乗ってケミヤルヴィまで北上します。ケミヤルヴィまでは15時間もかかりますが、ベッドがついている個

室があるので、長い旅も疲れることなく楽しめます。

　列車には食堂車もあり、簡単な食事をしたり、コーヒーブレイク
をしたり、お酒まで飲むことができます。夕食を終えて車内を歩い
ていると、窓の外の景色に何か違和感を覚えました。

　昼よりもまぶしいくらい太陽がギンギンに照っていて、沈む気配
がありません。そう、これが白夜（ユオトンユオ）です。

　ヘルシンキのものとは比べものにならないくらい、北部の夜の太
陽は"眩しい"という表現がぴったりです。

　朝6時ごろに、北部のケ
ミヤルヴィに到着しまし
た。ここから再び車でフィ
ンランドの最北地へ向かい
ます。道路の両側には農地
か生い茂った木々がずっと
並んでいます。景色がだん
だんと静かに表情を変えて
いきます。

　イナリを超えればウツヨキというフィンランドとノルウェーの国
境にあたる町までもうすぐです。この辺りから道路が土に変わりま
す。町と町をつなぐのはこの一本道しかないので、今まさに私たち
は昔の人々と同じ道を通っているということです。町と町とは信じ
られないほど離れていて、その間は木々以外何もありません。

　この土地で生き残れる植物だけが生き残り今も存在している。地
球は丸くて果てなどないはずなのに、地球の果てに向かっているよ
うな感覚になりました。

そしてようやくウツヨキに到着。体は疲れているのですが、初めての場所は心を刺激します。ここにはノルウェーとの国境となっているカーラス河が流れています。大きくて水が澄んだ川です。小さなハンバーガー屋やスーパーマーケット、ガソリンスタンドがありました。

　まだまだ白夜は続いていて、夜になっても気温は30度超え、日陰もありません。その夜はウツヨキのキャンプ場にテントを立てて、その中で過ごしました。蚊が多くて暑かったですが、長時間の運転で疲れていて、あっという間に寝てしまいました。

　ここからさらに約50キロ先に、フィンランド最北のヌオルガムという町があります。往復100キロ、かなり迷いましたが、ここまで来たら行くしかありません。

　熊が出てきそうな川沿いの道を通り、ようやくヌオルガムに着くと、トナカイ専門の肉屋が最初に目に入りました。こういう現地の食材を扱っている店を見ると、私はどうしても味覚で場所や時を記憶したくなります。中に入ってみました。私たちを迎えてくれたオーナーのアルヴィは食材についての知識も豊富でした。

トナカイ肉専門の肉屋でオーナーのアルヴィと。

　トナカイのフィレ肉と舌を今晩の夕食にしたいと相談すると、冷凍庫から肉を出してきてくれました。そして、トナカイの肉は秋のきのこが生えてくる時期が一番おいしくなることや、肉を保管している倉庫のこと、

この辺りのいい景色が見られる場所などを教えてくれました。

　冬の様子を聞くと、「暗くなって、凍って、雪でいっぱいになります」と予想通りの言葉が返ってきました。この地方の冬は白夜とは反対に極夜（カーモス）という、一日中太陽が昇らない期間が年間約50日もあります。

　雪と氷だけの一日中太陽の見えない世界を思い浮かべると、おぞましい気持ちになりましたが、同時に普段経験することができないこの地の冬を一度体験してみたい好奇心も湧いてきました。

　帰り際に連絡先を交換すると、「また肉を卸す時期になったら来てくださいね！」と声をかけてくれました。ここまでの道のりを思い出すと「また来ます！」とは冗談でも言えませんでしたが。

　広大な空、大地、草木……ここで生存可能なものしかない、地球の果てのようなこの場所は幻想的で、どこか神秘的でもあり、一生忘れることのできない体験と景色を私に刻んでくれました。

Luku 2 » p.58

冬を越える貴重なタンパク源
—魚と肉の料理—

カルヤランパイスティ
Karjalanpaisti
カレリア地方の伝統料理

A i n e k s e t

材料（4–5人分）

豚肉と牛肉の肩肉
 ········· 800g（それぞれ400g）
玉ねぎ ································ 2個
にんじん ····························· 2本
パセリ ····················· 飾り程度
ローリエ ····························· 3枚

粒胡椒 ····························· 20粒
バター ······························ 40g
塩 ································ 大さじ2
水または豚肉／牛肉のだし
 ······························· 500㎖

140

作り方

1 材料を切る。肉は3cmの角切り、玉ねぎはくし切り、にんじんは輪切りに。
野菜は大きめに切ったほうが食べ応えがあっておいしいです。

2 バターを鍋に入れて熱し、肉を焼きます。
このときにしっかりと焼き色をつけます。

3 2の鍋に、玉ねぎ、にんじんを入れて軽く炒めます。

4 水、または肉で取っただしを具材がひたひたになるまで入れ、
ローリエ、粒胡椒を加えます。

5 鍋の中身が90℃になったら、オーブンで焼きます。
鍋ごとオーブンに入れて、180℃で2時間焼きます。

6 2時間以上たってから、鍋に塩を加え、
鍋全体をかき回して塩分が均一になるようにします。
鍋をオーブンに戻し、さらに45分火を入れます。

7 食べる前にパセリを散らして、でき上がりです。

作り方の
ポイント

● 肉を焼くときには焼き色をつけることを忘れずに。
完成したときの見た目と味に大きく影響してきます。

● 塩を入れると肉が固くなってしまうので、
熱を入れて肉が柔らかくなってから鍋に塩を加えます。

カルヤランパイスティについて

ロシア北西部とフィンランド南東部にまたがるカレリア地方の伝統料理ですが、現在ではフィンランド全土でよく食べられています。作り方はとても大胆でシンプルです。ヨーロッパのキッチンにはたいてい大きなオーブンがついていますが、大きな鍋がそのまま入るほどのオーブンがなければ、耐熱皿に入れるか、オーブンを使わずに弱火でコトコト2時間煮込んでも作ることができます。

フィンランドではヘラジカ、羊、イノシシなどの肉が使われることもあります。

ラスキアイスプッラ

Laskiaispulla

真冬限定のお楽しみ

材料（6、7個分）

Ainekset

プッラ（パン生地）用

牛乳	220㎖
生イースト	20g
小麦粉	400g
卵	1個
★カルダモンパウダー	小さじ1
★砂糖	50g
★塩	小さじ1/2
バター	80g

飾り用

パールシュガー 　またはアーモンドチップ	適量
生クリーム	100㎖
砂糖	小さじ2
苺ジャム	お好みで
粉砂糖	お好みで

作り方

1 牛乳を冷蔵庫から出して常温にしておき、生イーストを溶かします。

2 1に小麦粉を少しずつ加えて混ぜ、卵を入れてさらに混ぜます。
＊後で丸めた生地の表面に塗るために溶き卵を少量残しておきます。

3 ★の材料をすべて加えてこね、常温で柔らかくしたバターを入れて
さらにこねます。

4 こね終わったら、42℃のオーブンで30分ほど一次発酵をします。
乾燥を防ぐために、サランラップか、ぬれた布巾をかけてください。

5 発酵が終わった生地を100-110gのかたまりに分けて丸めます。

6 生地をオーブン皿に並べ、表面に溶き卵を塗り、
パールシュガーまたはアーモンドチップをかけて、二次発酵をします。

7 20-30分後、生地がひとまわり大きくふくらんだら、
220℃のオーブンで10-12分焼きます。
焼き色を見ながら時間を調整してください。

8 焼き上がったプッラを冷ましている間に、
生クリームに砂糖を入れて泡立て、ホイップクリームにします。

9 プッラが冷めたら横に切り、お好みで苺ジャムを入れ、
ホイップクリームをたっぷりとのせた上に、切ったプッラの上部を戻し、
粉砂糖をふれば完成です。

**作り方の
ポイント**
発酵の進み方は室温によって変わります。
二次発酵のときは同時にオーブンを温めるので、
そのオーブンの上に置いておくと、発酵が進みやすくなります。

ラスキアイスプッラについて

　キリスト教では、灰の水曜日からイースターまでの40日間断食があります。その前に甘くてカロリーの高いお菓子を食べる風習があり、ラスキアイスプッラはこの時期限定のフィンランドスイーツです。プッラとは甘いパンを意味します。

　最近日本でもスウェーデンの「セムラ」が有名になってきていますが、ラスキアイスプッラもよく似たお菓子です。発酵は必要ですが、作り方はそれほど難しくありません。

　定番のラスキアイスプッラにはアーモンドペーストが入っています。ラズベリージャムのラスキアイスプッラも人気があります。

　伝統のものにアレンジすることをあまり好まないフィンランドでも最近新しい味のラスキアイスプッラを見かけることが増えてきました。自分の好みでいろいろなジャムを加えてご家庭でフィンランドスイーツを楽しんでみてください。

2023年1月27日。一通のメールが届きました。それはアルク編集部の奥山さんからでした。書籍化について丁寧に書かれたメールを読んで、飛び跳ねて喜び、それをすぐに妻に伝えました。

フィンランドに来る前に、アルクの語学書やWebサイトを毎日見ては、世界に羽ばたいていく夢を大きく膨らませていました。

そんなお世話になった出版社の方から16年越しに書籍のお話をいただいたので、なんとか恩を返せるように、そしてこの本を読む人たちにも、日々の楽しみへの希望を感じてもらえるように執筆させていただきました。

いざ執筆を始めると最初の数ページを書き終えた後、文章が思うようにまとまらなくなってしまい、一冊分の文章を書き切ることができるのかどうか、計り知れない不安に襲われました。

その年の6月、4年ぶりに日本に帰国することになっていましたが、妻と息子たちは先に出発し、私はヘルシンキの自宅に一週間一人で残り、執筆に勤しみました。この間に少しずつ書くリズムを作っていけたことと、書きたいことを書ける幸せを感じられたことで自信をつかんでいきました。また、執筆の際に一番大きく支えてくださったのは、200通を超えるメールでのやり取りや何十時間にもおよぶオンラインでの打ち合わせ、さらに帰国時には東京の本社で打ち合わせをしてくださった奥山さんの存在です。とても丁寧に私の潜在意識の中にあるものを引き出して言語化してくださり、それらは執筆の際に多くのヒントになりました。

そして一冊の本を完成させるまでに、こんなにもたくさんの方々が関わってくださっているなんて、想像すらできませんでした。関わってくださった方々、本当にありがとうございました。

書いている間に、何度も同じことが書いてあると指摘を受けました。何度も同じことを書いていたのは意識的にではなく無意識で、普段自分はこんなことをよく思っているのだなと感じたり、それが私の一番伝えたいことでもあると気づいたり、自分の中にもたくさんの発見がありました。

　不安と好奇心の狭間（はざま）で書き綴った文章がこうして形になったことで、富士山の頂上でご来光を眺めた時くらいほっとしています。

　今後の個人的な目標は、自分の内側にも外側にも、たくさんの理想をクリエイトしていくことです。まだ見ぬ世界に好奇心と挑戦心を持ってどんどん飛び込んでいくことです。よい経験も時にはくだらない経験も、無駄だと思う経験も、知らないことを深く知り、理解して身につける。こういった経験を積み重ねながら人生を過ごしていきたいと思っています。

　最後に、私に関わりを持ってくださっている方々、日々を一緒に過ごしてくれている家族、遠く離れた親い（ちかし）友人や父、母、姉、そして親戚がいて、幸せな人生を歩めています。全ての人が私の大好きな世界をクリエイトすることにつながっています。

　本当に感謝しています。大きな愛をこめて。

2023年10月

星利昌

以下のエッセイは、Webマガジン「SPINNER」および
Note「LAPUAN KANKURIT」に掲載された記事を元に
加筆、再構成したものです。

Luku1

「フィンランドの秋の輝き」p.36
SPINNER
https://spinner.fun/article/series/finnishlandscape/2973/

Luku2

「フィンランド料理の素朴さを味わう」p.48
LAPUAN KANKURIT
https://note.com/lapuankankurit/n/n7e6a0361b81b

「乳製品たっぷり、寒い国ならではの食文化」p.52
「冬を越える貴重なタンパク源 ―魚と肉の料理―」p.56
LAPUAN KANKURIT
https://note.com/lapuankankurit/n/n4baaef80fa7c

「フィッシュスープを特別にするもの」p.64
LAPUAN KANKURIT
https://note.com/lapuankankurit/n/n36c9f1c43ce8

Luku3

「ある日の薪サウナ」p.72
SPINNER
https://spinner.fun/article/series/finnishlandscape/1975/

「サステナブルな食と環境」p.84
LAPUAN KANKURIT
https://note.com/lapuankankurit/n/naae87b532b0c

Luku4

「人間らしい暮らし」p.108
SPINNER
https://spinner.fun/article/series/finnishlandscape/2114/

「暗い日々をどう過ごすか」p.128
SPINNER
https://spinner.fun/article/series/finnishlandscape/3087/

著者紹介

星 利昌（ほし としあき）

和食の料理人になるために、神戸の割烹料理屋
で修業。2008年、フィンランドに移住し、ヘル
シンキ中心部のKämp Hotel内にある日本料理
レストラン「Yume」、フレンチ、スカンジナビア
料理レストラン「Chez Dominique」、フィンラン
ド料理レストラン「Ateljé Finne」にて修行した
後、独立。日本食レストラン「ほしと」をオープ
ンする。2018年、7年3カ月続いた「ほしと」を
惜しまれながら閉店し、現在は2016年から始め
た陶芸に力を注ぎ、販売、展示会に出品するほ
か、オンライン料理教室「マクヤマク」を運営す
るなど、多岐にわたって活躍中。初めての著書と
なる本書では、著者自身が撮影した写真ととも
にフィンランドでの日々の生活が綴られている。

マクヤマク：https://makujamaku.stores.jp
インスタグラム：@makujamaku_helsinki

マクヤマク しあわせの味あわせ

発行日　2023年11月16日（初版）

著者：星利昌

編集：株式会社アルク出版編集部
制作協力：金本智恵（サロン・ド・レゾン）
校正：有限会社くすのき舎
デザイン・DTP：山口桂子 (atelier yamaguchi)
表紙イラスト：星佐和子
印刷・製本：シナノ印刷株式会社

発行者：天野智之
発行所：株式会社アルク
　　　　〒102-0073　東京都千代田区九段北4-2-6 市ヶ谷ビル
　　　　Website：https://www.alc.co.jp/

地球人ネットワークを創る

アルクのシンボル
「地球人マーク」です。